SINO FOREIGN MANAGEMENT 中外管理
出品人◎杨光

中外管理故事与哲理丛书
THE CHINESE AND FOREIGN MANAGEMENT STORIES AND PHILOSOPHY BOOKS

森诺科技的故事与哲理 ②

STORIES AND PHILOSOPHY OF SINO SCIENCE AND TECHNOLOGY

·生动的企业文化实战案例　精辟的点评　风趣的漫画·

企业管理出版社
ENTERPRISE MANAGEMENT PUBLISHING HOUSE

图书在版编目（CIP）数据

森诺科技的故事与哲理 / 杨光主编. -- 北京 : 企业管理出版社，2021.11

ISBN 978-7-5164-2508-4

Ⅰ. ①森… Ⅱ. ①杨… Ⅲ. ①石油企业－企业文化－东营－文集 Ⅳ. ①F426.22-53

中国版本图书馆CIP数据核字(2021)第215660号

书　　名：森诺科技的故事与哲理
作　　者：杨光
责任编辑：尚元经　郑小希
书　　号：ISBN 978-7-5164-2508-4
出版发行：企业管理出版社
地　　址：北京市海淀区紫竹院南路17号　邮编：100048
网　　址：htt:/www.emph.cn
电　　话：编辑部(010) 68414643　发行部(010) 68701816
电子信箱：qiguan1961@163.com
印　　刷：北京天宇万达印刷有限公司
经　　销：新华书店
规　　格：170毫米x240毫米 16开本 16.5印张 186千字
版　　次：2021年11月第1版 2021年11月第1次印刷
定　　价：78.00元

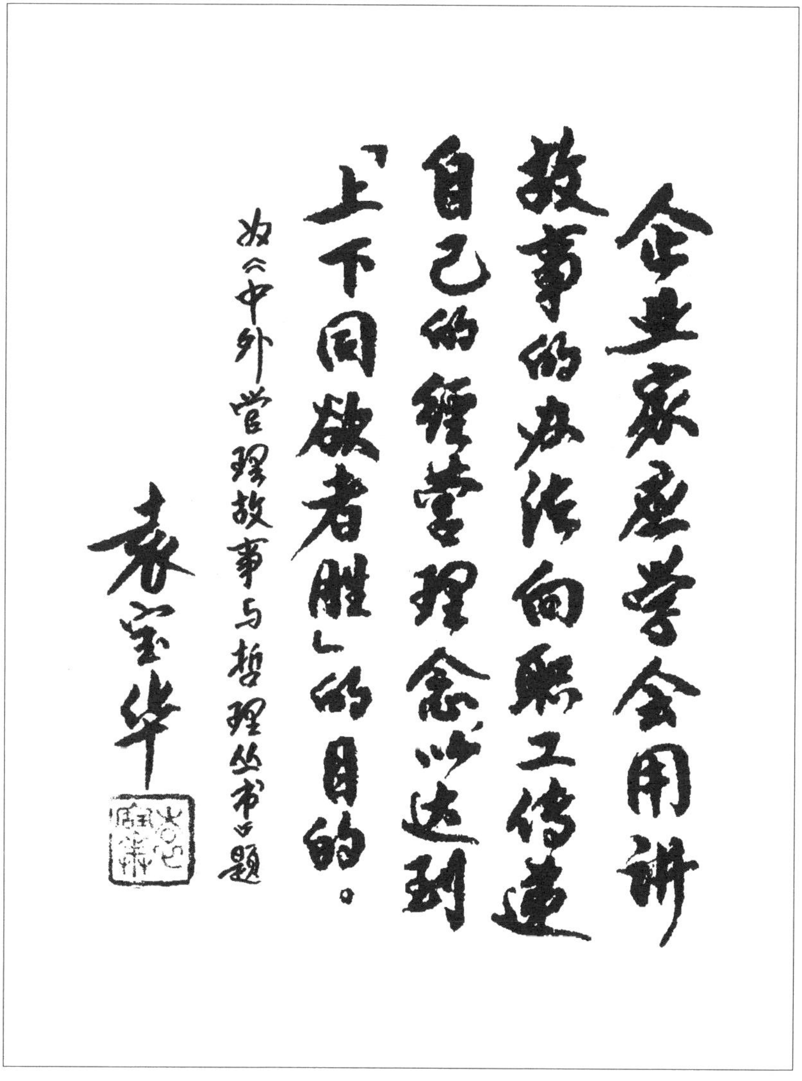

袁宝华 中国企业联合会名誉会长

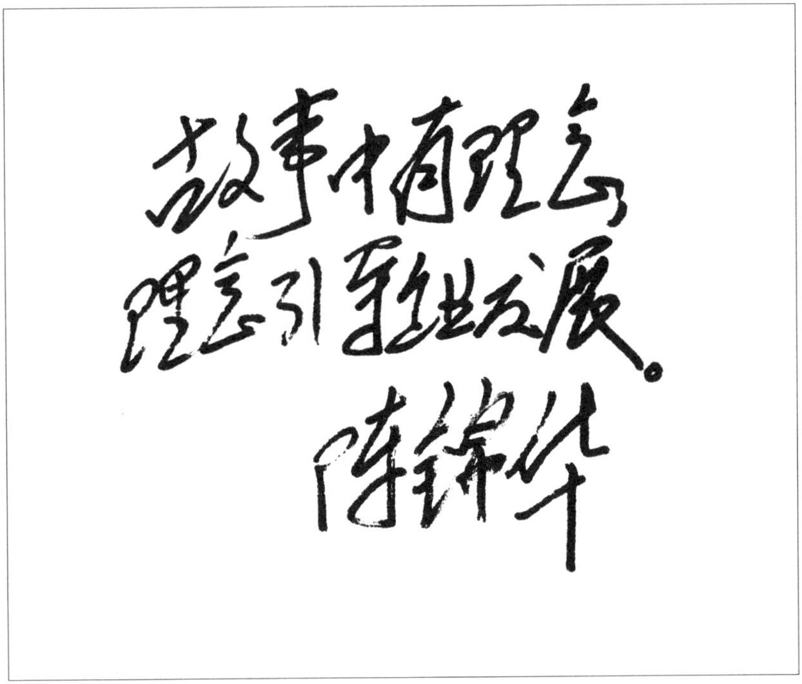

陈锦华 中国企业联合会名誉会长

杨 光 中外管理传媒社长、总编

序

文化润泽心田，助力企业健康发展

森诺科技有限公司党委书记、董事长　姜传胜

2003年5月，我按照组织的安排，来到森诺科技有限公司工作。上任第一周，一个熟悉我的朋友跟我讲，你到了个好单位，即使什么不干，吃三年没有问题。当时公司24个人，只做评估评价业务，年营业额600多万元。一个20多人、不足千万收入的小公司令员工如此自满，让我感受到了危机，意识到需要大力加强企业文化建设，制定企业发展战略。因为先进的企业文化是企业前进和持续发展的动力，是企业核心竞争力的重要组成部分。

2003年6月份，我组织全体员工经过一个月的研讨，形成了森诺公司的企业文化，包括经营理念、价值观、人才战略、市场战略、经营宗旨、发展目标等。2008年增加了愿景与使命，2010年增加了服务理念等内容。18年来，森诺文化记忆在员工头脑里，融化在员工血液里，落实在员工行动上，成为支撑公司使命，凝聚员工力量，助力企业发展的重要因素。

为了传播展示企业文化，我们创建了“七个一载体”，分别是：一面墙——企业文化展室、一本书——森诺文化故事与哲理、一部片——企业文化宣传片、一张报——森诺科技风采、一平台——协同办公平台、一画册——企业介绍手册、一媒体——森诺微信公众号。

在这些载体中，最能全面整体反映森诺文化的无疑是《森诺科技的故

事与哲理》。为了传承森诺文化，讲好森诺故事，公司每年都会组织员工撰文写出最能感动自己的一个人或一件事，形成文化故事集的基础素材，每隔几年就把这些素材整理出来，委托中外管理编辑成书，送给员工、客户和大众，让大家从一个个鲜活的故事中了解森诺文化，认识森诺公司，热爱森诺公司。

今天与大家见面的是第二本《森诺科技的故事与哲理》。书中收集了2014年至今员工撰写的文化故事，从中大家可以感受到公司经历国际油价过山车般起伏、石油行业过紧日子、新冠肺炎疫情等外部环境对公司的影响，感受到公司响应国家绿水青山就是金山银山、乡村振兴、节能减排、双碳战略等政策号召，积极调整发展战略，服务油田高质量发展的创新实践。这些故事见证公司的成长与发展，彰显着文化对于企业发展的重要支撑和保障作用。从中可以感受森诺文化绝不是挂在墙上的几句口号，是深植于员工心中的活的灵魂，它滋润着员工的心田，影响着员工的思想，改变着员工的行为。每每客户反馈“森诺的员工都是一样的，尊敬客户、尽全力服务客户、感动客户、成就客户”，我想这就是文化在起作用了。

当然，文化的作用也不能被无限放大。党的领导是企业的“根”和“魂”，是我国企业的独特优势。新时代企业文化建设必须坚持党建引领。用党建引领企业文化建设是现代企业制度下，党建工作与企业文化建设同向融合发展的创新。森诺取得今天的发展是各项工作协同发力的结果。我们的发展理念是“党建引领、文化聚力、创新驱动、人才保障”。多年来公司一直注重党的建设在企业发展的核心作用，党的工作融入公司工作的方方面面。去年我们自主建设了企业党建平台，公司所有的党建活动全部在平台上进行，做到规范化、制度化、经常化、公开化、知识化、数字化，使得我们的党建工作再上新水平。

公司坚持创新驱动，创新已经成为公司文化的核心。多年来公司坚持管理创新，持续完善管理体制和运行机制；坚持业务创新，持续调整产品结构，丰富产品种类，更好地满足客户需求；坚持技术创新，连续多年投入收入的10%用于技术、产品创新，形成一批国际领先的技术和产品。

公司重视人才培养和引进，先后引进国家级勘察设计大师等一批优秀人才，带动公司人才的成长，技术的进步。公司注重员工的培训培养，每个月拿出两天时间全员搞培训，还建立了导师带徒、每周一讲等专家授课机制。公司还重视员工心灵品质的提升，坚持用优秀传统文化教育员工，用圣贤思想化育人心。今年以来全员学习《中庸》《弟子规》，中高层管理者学习阳明心学、《易经》《道德经》。通过学习，员工的烦恼和纠结大大减少，幸福快乐指数明显提升，智慧和正能量显著增强，整个团队的境界与格局全面提升。

习近平总书记在庆祝中国共产党成立100周年大会上讲到“坚持把马克思主义基本原理同中国具体实际相结合、同中华优秀传统文化相结合”。我们将在今后的实践中把更多的中华优秀传统文化融入公司文化，让文化润泽心田，化育人心，助力企业健康发展。

2021年9月

目录

第1章 抱诚守真

诚信服务 客户满意

第2章 创新驱动

管理与时俱进 业务持续创新

第3章 合作共赢

同心创业 共享成功

第4章 和谐文化

凝聚爱心慧力 共创美好生活

第5章 敬业精神

工作成为乐趣 人生就是天

第6章 追求卓越

业绩靠实干 回报靠贡献

第7章 自我成长

追求无止境 人生当自强

第8章 管理者说

火车跑得快 全凭车头带

第一章
抱诚守真

诚信服务 客户满意

企业小成功靠精明，大成功靠诚信。“诚”是用心必真，“信”是有诺必行。诚信不仅是一种修养，更是一种责任；不仅是一种品行，更是一种智慧；不仅是一种声誉，更是一种资源。诚信是企业的黄金品牌，是赢得客户青睐、建立持久关系的基石，是创造优良业绩、获得最大利润的途径。

“你不适合在森诺工作”

有效率的质量，才是真正的质量

哲理的故事

2009年2月，硕士毕业半年的郭丽刚刚入职森诺，参与了第一个小项目，作为“新生代”负责提交项目方案。然而意外的是，连着三周过去了，郭丽却迟迟没有动静，迟迟没有交出方案。这让部门主任感到非常错愕。在巨大的预期落差下，他忍不住说了一句：“郭丽，你不适合在森诺工作。”

人生中有些话是需要在一定的情境语气中，才能判断一句话的意义和分量的。——但是显然不包括这一句。很显然，这句话像是一记重锤，打在了郭丽心里。对于顶着硕士研究生的学历却从小就自卑的她，这是怎样的一种刺激！

郭丽有个弟弟，天资聪颖，平时不是特别刻苦，就考上了北京大学。而郭丽付出比弟弟多几倍的努力，考上的却只是中国石油大学。所以，在弟弟光芒的笼罩下，她一直很想证明自己。

“我要第一个拿出来的项目，一定是自己满意又能让别人眼前一亮的。”郭丽暗下决心。其实在接到任务一周之内，她就做出了方案初稿，但只是一直没有底气交出来。

“我的方案和别人的方案相差在哪里？为什么差在这里？”在这20天里，郭丽借来别人做过的成熟案例反复研究着，琢磨着。浑然忘记了对她抱有殷殷期待的领导。

直到受了“刺激”，她才交出了方案。主任看过其实是很满意的，并评价她的方案几乎达到了熟手的水平——好在有惊无险。但惊魂未定之下，也让郭丽意识到了在注重质量的

同时，也要兼顾效率。她必须调整工作方法。

从那之后的三年时间里，她不断地加强专业知识学习，把自己的工作学习时间从8小时自觉延长到12小时，半夜12点之前几乎没有睡过觉。她对自己的要求是“做一个项目，掌握一类项目”。

原来遇到不懂的专业问题，郭丽会习惯性地蒙头查资料，但随着接触的人多了，她开始意识到向有经验的前辈多请教，学会借力打力，问题会很快迎刃而解。GIS电脑做图慢，那就不难为自己，把它交给做得快的组员，自己去做擅长的事，事半功倍。

找到方法之后，工作效率很快得到提升，入职半年时间她就开始独立负责项目。当森诺技术岗大多数人的工作系数（数量和质量双重考核的一种工作标准）都在3.5左右，最高纪录也只是5.2时，如今已是安环咨询部副主任的郭丽工作系数已经达到5.0——这意味着她每年要完成120%以上的工作量。

别人问郭丽累不累？她说："只有付出才会有收获，我觉得挺快乐的。"

故事的哲理

效率和质量到底能不能兼顾？大多数人的脑海里都有着慢工出细活，欲速则不达的概念，甚至会拿"工匠精神"作为挡箭牌。但是作为企业，效率始终都是衡量价值不可或缺的维度。

所谓的质量，都是在效率与成本的基础上去衡量的。也因此，稻盛和夫的著名经营核算公式：上面的分子是收入－费用，而下面的分母，就是一切劳动所需要的时间。

（任慧媛）

森诺为啥要改名呢

提前布局，找好第二曲线

哲理的故事

2019年，“胜利油田森诺胜利工程有限公司”正式改名为“森诺科技有限公司”。那一阵，森诺的员工时不时会被外界打趣：你们森诺从做工程设计改为做科技，是要开始做手机吗？

一开始，这事儿不光是外界不理解，森诺的员工自己也不理解。

“原来叫工程公司就想走EPC或

项目管理的道路，看看我们的项目管理中心还有业务吗？油田的工程建设管理机构健全，自认为管得很好，对工程总包和项目管理一直比较谨慎，所以森诺想发展总承包遇到很大阻力，年营收3个亿也就到头了。”董事长姜传胜说出了他的眺望之忧。

产业更迭，瞬息万变，传统行业随时都可能被颠覆，所以要未雨绸缪。姜传胜一直认为，企业的运行和人的成长规律是一样的，从婴儿到壮年之后一定是开始往下走的。如何保持基业长青？每次在一条成长通道达到80%以上，各方面正如日中天的时候，姜传胜就一定会开始下一条通道的产业布局，然后伴随着原有产业发展带领新的产业，从孕育期过渡到成长期。

但也不是——也不能什么都做。姜传胜的学习能力非常强，平时关注和学习最多的就是国家政策，还喜欢研究行业领导不同场合的活动和讲话。很多业务机会就是这么把握的。

姜传胜看到十九大报告中提的最多的就是“创新”，所以他坚持森诺必须以创新驱动，抓住国家政策调整的战略机遇，主动出击，主动作为，“最好的防守是进攻”。如此，未来的发展空间才会更宽广。

于是，从油田大地面规划，到流程简化优化，到全重力平衡油气水处理一体橇，到压力气浮，再到免水冲环保厕所，所有的技术创新、产品创新都解决了客户的痛点难点问题，都是国家主张的、支持的、需要的，没有一个例外。如此，森诺的科技属性已然越来越名副其实。

故事的哲理

不谋万世者不足谋一时，不谋全局者不足谋一域。作为一个合格的战略统帅，预见力是非常重要的能力。所谓“小老板做事，中老板做市，大老板做势”。战略统帅的境界决定了企业的高度，战略统帅的远见决定了企业能走多远。

（丰心）

接下这块“烫手山芋”来熬粥

态度决定成果

哲理的故事

有一回，森诺科技接到了一块“烫手山芋”。客户方鲁胜公司发出合作邀请：森诺要在三周时间内完成一份十分重要的地质研究。之后，接下来的五周时间内，完成地质建模和基本的数模工作；否则，合约作废。

为何说这是一块“烫手山芋”？原来，此时临近国庆长假，森诺首席专家覃克很发愁：这样的任务谁来接，怎么接？抱着试试看的想法，他找到勘探开发部的资深咨询师牟雪梅。从一开始，他就委婉地表达着，想着该怎么说才能让她欣然接受这从天而降的任务。

没想到，牟雪梅率先打破了这个尴尬的聊天："是不是有什么活儿要我干？"覃克松了一口气，而后说明了鲁胜公司的诉求。"没问题，我愿意接下这单业务，再去找一些帮手！"牟雪梅爽快地说。

"公司马上就要放假了，你到哪儿找帮手？"

牟雪梅神秘地笑笑："森诺人你还不知道吗？平时爱潜水，但只要有任务，就都冒出来了！虽说快到国庆了，但一定有不少人愿意帮忙。"

事实果然如牟雪梅所预料的一样。她先后向六位技术专家打去邀约电话，结果无一例外，每个人都很爽快地答应了。随后，牟雪梅与六位技术专家组成项目研发团队，两人一组，开始不分昼夜地展开工作。

他们仅用两天时间，就完成了所有数据资料的收集、解读和补充。接下来，他们分工合作——牟雪梅带领两位专家直赴鲁胜公司现场办公；另一队人马则留在森诺建设地震数据库，为下一步的合作提前做好准备。

国庆长假第一天，举国欢庆，合家团圆，牟雪梅却带领项目组一头扎在办公室，没黑没白地忙碌着；国庆长假最后一天，牟雪梅带领的团队出色地完成了这次任务。当牟雪梅把项目组争分夺秒"抢"出来的研究成果呈现出来时，鲁胜公司科研所负责人连连称奇。后者认为，这是他们见过的最快最好的方案。随后，他们迫不及待地邀请牟雪梅团队快速启动后续的合作。

通过这次合作，鲁胜公司流传出一句话："急、难、险、重，就找森诺！靠谱！"听到这样充满褒扬的话，当初找牟雪梅接"烫手山芋"的覃克忍不住问道："你是怎么做到的，干起活来具有这么大的能量？"

牟雪梅笑了笑，说："跟着咱公司快速反应、优质服务、客户满意的服务理念走呗！大家接了活儿，以热情当汤，用努力当米，就能熬煮出一锅名叫'成功'的粥了。"

哲理的哲理

获得成功的方式有时很简单，就是靠全身心投入的热情，以及持续不断的努力。因为，往往比智商与能力更加决定结果的，是态度与激情。

（张珠容）

亏钱八入哈萨克

至诚必胜，吃亏是福

哲理的故事

2014年，国际油价呈断崖式下跌，中国石油企业开始走出去到海外收购油田进行开采——但缺少配套的技术咨询。所以，森诺随之制定了进军海外市场的战略。

雷明是第一批被派去成立森诺哈萨克分公司，开展管理信息化项目的“拓荒者”。

所谓万事开头难。刚到哈国，没有地方住，为了省钱，雷明带领团队几个成员租了一间破旧的公寓。但由于当地人认为中国人占了他们资源，抢了他们饭碗，所以对中国人并不友好。只要看见有中国人聚集的地方，就一定会去告诉警察。所以雷明他们经常面临被盘问、罚款的情况。为了减少警察的注意，他们只能分批出门，而且大部分时间都是在办公室与租住公寓两点一线之间运转。

由于没有劳务签证，每待够两个月就要回国一次。为了能尽可能多干点儿活，就只好把签证作用发挥到最大，雷明和同事们会选择最后一刻离开。但一旦撤离不及时就有变成“黑户”的风险，为此他们曾一度差点被当地警察抓进监狱。

但更悲催的还不止于此。当信息化管理项目做完第一期，雷明第七次踏上哈萨克去结算的时候，却遇到了哈萨克货币坚戈突然贬值。当时大家就蒙了：糟糕！合同里写的可是坚戈而非美元啊。而且贬值程度直接来了个腰斩，相当于赚了100万，却只给50万，都不够差旅费的！

赔钱是肯定的了！“真正到了国外才发现，做成一件事真是太难了！语言不通，生活习惯不一样，对当地法律也不熟悉，在完全陌生的营商环境下，工作效能实在太低了。”雷明发出了感慨。

但项目既然做了就得善始善终。本着对客户负责的原则，项目组第八次进入了哈萨克，坚持把第二期的项目完成了，而且后期还给他们免费运维指导了一年。

森诺的服务超出了甲方预期，就此建立了信任，不仅最初的那套信息化系统到现在仍在使用，而且就此打开了突破口，之后在效益分析和经济评价方面展开了稳定合作，并被甲方列入了长期技术合作伙伴，年产值平均达300万以上。

故事的哲理

坏事往往也会铺垫好事。民间有俗语：哀兵必胜。其实“哀兵”的价值，还在于最适合展示“至诚”。当你的困难，你的损失，你的投入，和基于此你依然的诚意，一并显现在甲方面前时，假以时日，甲方一定会有足够的回报给你。于是，又有俗语说：吃亏是福。

（丰心）

爬过那座独木桥

管理者注定要自己逼自己

哲理的故事

2012年，时任森诺安环咨询部项目负责人的郭丽正负责一个国家级油气长输管道项目的评审工作。

管道全长8732公里，经过了13个省（自治区），也经过了荒漠戈壁、山区丘壑、黄土沼泽的复杂地貌，挑战着管道工程建设的种种极限。作为部门首选项目负责人，郭丽承担了工作量最大，环境最复杂的河南省境内管道评审工作。

为了将每段管线的隧道穿越，重点河流、公路、铁路等涉及到的敏感点穿越，以及长输管道的施工工艺等都能了解清楚，她决定到现场去踏勘。

管线踏勘不是坐在车上走马观花，在一次管线踏勘途中，一条水流湍急的大河拦在了眼前，要想横过这条河，必经之路是河上面仅有的一条独木桥，这对于恐高的郭丽是一个极大的挑战。

“这个时候，退回去不是不行，但那将会是无功而返，可项目中定向钻穿越点的环境状况得不到落实，后面的评审工作又怎么保证质量？”郭丽的心里有两个小人儿在掐架。但最终理智让郭丽决定挑战一下自己的极限。

尽管腿在抖，手在颤，但她心里是坚定的——就是要过河，就是要到现场去。在同事的帮助下，她几乎是爬过了独木桥。

在崎岖颠簸中一路走下来，郭丽共踏勘了近1000公里的管线。虽然辛苦，但收获丰硕，不仅掌握了大量的现场情况，为之后的评估报告提供了详实的事实支持，而且郭丽经手的项目，没有出现过任何质量问题，甲方已经形成了“有问题找郭丽”的惯性思维。

故事的哲理

管理者与众不同之处在哪里？就在于这个角色所担负的责任，注定要迫使“自己逼自己”。如果说做一名合格的老板，注定让自己变成另一个人，那么作为成功的管理者，也大体如此。挑战之前，你背负意义；挑战之后，你胸怀价值。

（朴一）

两个“小兵”打下一场“漂亮仗”

只要凡事都做好充足的准备

哲理的故事

2020年6月初，森诺公司的建筑结构所承接了重庆市涪陵区的一个重要项目，他们需要尽快制定出方案，然后向甲方汇报。

刚来公司不久的张金庆和薛金龙主动请缨，担起向甲方汇报方案的任务。这两个血气方刚的“新兵蛋子”，能挑起大梁吗?

汇报日的前一晚，方案策划完成，策划组的人都已下班。此时，涪陵区已经淅淅沥沥地下了近一个月的雨，到处湿漉漉的。张金庆和薛金龙顾不上讨厌这梅雨季节，因为第二天对他们而言太重要了。趁着夜深人静，他们来到项目部，做着最后的准备。张金庆忙着核实大屏幕上所写的第二天需要汇报的资料和内容，薛金龙则忙着低头“算账”，按照甲方的要求计算数版平面资料的土方。此前，由于笔记本和软件的原因，薛金龙算出来的资料总是丢失，所以他总是算一部分就抓紧时间保存，发到企业微信或者移动硬盘里。正因如此，企业微信里存放着他计算出的数个版本的图纸资料。

指针指到凌晨一点的时候，张金庆核对完了整个方案及汇报内容。薛金龙还在低头忙碌着。“已经算到最后一版了，马上就完成！”

十几分钟之后，两个人终于收拾妥当。他们并肩从项目部往宿舍走，脸上写满了疲惫，又写满了期待。

第二天太阳刚露面，张金庆和薛金龙就起床了。他们进行简单的洗漱后，便拿出方案，讨论着汇报的突出点、重点。他们还对甲方可能提出的问题和疑问进行了预设。

时钟指向八点半，甲方代表及相关部门的人员一一到场，开始倾听张金庆和薛金龙的汇报。因为他们事先准备充足，配合又默契，所以汇报起来得心应手。会上，甲方代表、业主单位、施工单位提出了不少切实的问题与建议，以及对方案的修改意见。张金庆和薛金龙认真倾听，快速思考，圆满地回答了各方的问题，同时记录下了各种建议和意见。时钟指到十二点的时候，会议圆满结束，甲方代表对张金庆和薛金龙的汇报赞不绝口。张金庆和薛金龙却一刻也不敢歇，他们趁热打铁，赶紧回到项目部，把会议上各方提的建议和意见整理下来。

两周之后，电脑上的策划方案终于转化为摞在桌子上的一本本图纸，项目正式启动。张金庆和薛金龙这两个“小兵”，通过自身的不懈努力，为公司打下了一场“漂亮仗”。

故事的哲理

富兰克林曾经说过：凡事做好准备的员工，每一天都可以很轻松地达到工作的目标。而受企业欢迎的员工，也一定是凡事都有准备的人。反之，天下最坏的事，绝不是坏事本身，而是你对它的发生准备不足。

（张珠容）

追着井盖跑的人

逼出最好的自己!

哲理的故事

2020年8月5日，森诺公司接到了一家客户抛来的“大急件”。

客户是上海某大型国有企业，因为疫情原因，导致之前的基地施工建设延误。希望森诺7天编制出该基地的基础设施隐患治理可行性研究报告。

时间紧，任务重。而此时，森诺工程设计院的大部分设计人员都在项目上，一时抽不出人来。怎么办?

工程设计院水所所长宋纪委当即决定，抽调几位精兵强将，组成一个“先遣队”，并亲率“先遣队”到上海基地现场办公。

到了基地现场，大家发现了一个棘手的问题：该基地使用已经超过30年，基础资料早已不知去向!

在得到这个消息后，有人皱起了眉头。宋纪委说：“不管什么资料，不都是人做出来的吗?没有了原始资料，我们就一处一处查看，一点一点补充，自己做一份出来!”

于是，那几天，基地现场附近出现了一群“追着井盖跑的人”——他们看到一个井盖就停下，撬开后，左翻翻，右看看，再认真地往本子里记录着。

一个井盖看完了记完了，他们就往另一个井盖走去，如此反复，不停忙碌。他们逐个检查，落实每一个井盖，是为了绘制出雨污水排水流向图，然后找出合流点。

接着，他们如法炮制，根据各建筑已有的给水管网和消防设备配备情况绘制出消防系统图，摸清了给水及消防现状。

最后，他们再把信息进行汇总，就得到了详尽的东塘路基地基础资料。

掌握这些资料之后，大家又马不停蹄地查询上海当地的法律法规要求，制定出了初步改造方案。

方案出炉前酝酿时，森诺公司其他部门的人员也参与进来了：校审人员在远程会议里帮着设计人员审查方案；项目管理中心同事在设计人员做可行性研究报告的阶段介入，提出施工时可能存在的问题，在报告中加以补充，以协助造价人员完成项目投资的准确估算。

7天之后，森诺公司准时提交了项目方案并上报业主，“大急件”终于完成了。

建设单位看过方案后，一方面表示高度认可，一方面感到十分惊讶：“这么短的时间就完成了，你们真是神速!”项目团队成员相视一笑。

故事的哲理

在服务行业，只有以客户为中心，急客户之所急，忧客户之所忧，进而“逼”出自己的全部潜力，才会真正拥有客户。

（张珠容）

废纸都要带回来

严谨到极致，而极致在心

哲理的故事

2018年5月，森诺公司承接了上海一个新区产能可研项目，项目负责人是勘探开发部首席咨询师邓新颖。在完成此次任务的过程中，邓新颖得了一个“废纸姐”的称号。这是为何？

在邓新颖做好报告，准备去中石化总部汇报的前一天下午，局领导又审查了一遍材料，并提出了修改建议。邓新颖不敢马虎，立马召集人手修改报告。该项目涉及八个专业，材料多达300多页，待各专业负责人修改完毕，已是晚上11点。邓新颖作为项目负责人，又从头到尾翻看检查了一遍。凌晨1点钟，她终于完工了。领导交代她：“我已经联系好了印刷店，你把资料发过去，印刷店明天一早送过来。现在，你赶紧回去休息吧。”

一听这话，原本略带疲惫感的邓新颖一下子又精神起来：“不行，我要去印刷店等着。万一出现点印刷问题，明天就来不及了！”然后，一阵风似的出门，跑到印刷店去了。到了印刷店，印刷机里打印出一张，她就整理一张，检查一张。待全部资料打印完毕、整理完毕，她又看着印刷店老板把材料从电脑上彻底删除了——因为这个项目是保密项目，她要防止资料外泄。这还没完呢。当印刷店老板准备收拾收拾回屋睡觉时，邓新颖连忙凑过来：“您坐一旁休息，我来收拾就好！”原来，印刷过程中产生了一些打印失误的废纸。邓新颖觉得，这些废纸也是材料的一部分，一个字都不能外泄，所以赶紧一张一张拾起，整理好，放进包包。做完这些事情，她才放心地离开了。

第二天，领导发现邓新颖连打印的废纸都带回来了，惊讶地说：“看来，大家今后可以直接喊你‘废纸姐’了。说实在的，我就佩服你这认真和严谨的劲儿！”

故事的哲理

日本人以严谨认真著称于世，他们把严谨认真做到了极致。而做到极致，绝非来自能力，而是全部来自于心。而在我们身边，却很容易听到无奈的声音：“没办法，我已尽力了……”扪心试问，比起标杆，你真的尽力了？也就是说：你真的尽心了吗？

（张珠容）

大巴车里的重要会议

重要的是功能和效率

哲理的故事

2020年7月31日，时任森诺工程设计院天然气专业首席的梁文豪与几个同事一起，在临兴完成了5个项目的现场交底。随后，一行人乘坐大巴车，预备从临兴返回东营。有意思的是，一通电话的到来，这些人就把这辆大巴车变身“会议室”，临时开了一场“汇报会”。

原来，中联公司的领导突然打来电话通知梁文豪，要他整理临兴合作1站、合作4站外输受制约问题的相关内容，然后向上汇报。梁文豪想，既然甲方定好了会议时间，我们就不能怠慢。于是他临时决定：在大巴车上做汇报。项目组其他人一听，个个来了兴致。其中一个风趣地说道："大姑娘上轿头一回，这大巴车上做汇报也是头一遭啊！"

于是，他们各自拿出笔记本电脑，积极展开了这项之前从未有过、极富创意的汇报工作。大家把之前已经预备好的PPT翻出来，一页一页查看，又做了一些完善，然后由设计院副总工张霞整体把关，最后提交给汇报者梁文豪。在这个过程中，外面下着大雨，大巴车在高速路上奔驰着。可大巴车内的这些人丝毫没感觉到雨有多大，车有多快，因为他们太投入了。这一刻，小小车厢里装满了他们的专注。

整理好资料要准备向上汇报了，有人提议停下大巴车，因为高速路上的信号不稳定。此时车已行驶到山东省滨州市的无棣县，梁文豪就让司机把大巴车停在无棣县的服务区，然后开视频会议，向中联公司的领导汇报。在远程会议里，梁文豪从临兴区块各站场现状、管网分布着手分析，以区块产量为依据，分析了临兴合作1站、合作4站目前的困境。为实现该区域天然气外销"突围"，并实现互联互通，满足上产需求，他从投资、能耗等各方面对比，并在提出的4个方案中选出最优的方案。大家看到，视频那头，中联领导对于梁文豪的汇报表示了高度认可与赞扬。

当汇报结束时，天色已晚，但外面已雨过天晴，一片清新。大巴车重新启程上路时，梁文豪忍不住联想到了岳飞的名句：三十功名尘与土，八千里路云和月。他想：森诺科技"快速反应、优质服务、客户满意"的精神与理念也会一直在路上！

故事的哲理

谁说会议一定是在会议室里进行？我们往往会习惯地用场景来等同功能，又用形式来约束效率。殊不知，功能脱胎自场景，但永远可以打破场景；实质依托于形式，但永远不会拘于形式。

（张珠容）

3000公里的较真

理解了意义，才会死磕认真

哲理的故事

2020年6月底，森诺勘察测量室王恺翔与同事驱车1000公里，来到陕西省榆林市达神木2号集气站拟建地的现场，督促协调施工进度。他本以为这趟车坐得够远了，却没想到，后面的路还长着呢。

因施工场地建在山顶，海拔高，又逢雨季，所以施工进度很慢。在这之前，有个别“聪明”的工人打歪主意，趁人不备，偷偷减少了钻孔的工程量。为防止这样的现象再发生，王恺翔和同事决定，每天早起驾车登山到现场，一直待到傍晚，严格按照事先定下的布孔数量、勘探深度进行监督核实，以确保勘察数据的准确性。如此一来，他们必须每天来回奔波个不停。

有一天傍晚，一名技术人员看到

王恺翔为工程进度忧心，便走过来向他“出谋划策”：“其实我们可以减少一些不必要的工程量。比如，布孔方案里含有‘人工探井’这一项，但凭我的经验，凭我对这片区域如此熟悉，我们完全可以以钻探孔的取样数据来替代探井流程……”

“不！你有这样的想法太危险了！”王恺翔打断了那名技术人员的话，“陕北地区多为湿陷性黄土，土质松散不稳定，要真按你说的那样去做，将来是要出大事的！”

那名技术人员不好意思地低下了头，围观的工人也都默不作声。王恺翔趁此定下三个“必须”：必须严格按制度流程做事；必须保持其土样天然的结构、密度和湿度；必须要求施工人员做探井。正是这三个“必须”，让工人们打消了“糊弄糊弄就能过去”的想法，从此集中精力施工。在这样的严格管理下，2号集气站终于高质量地完成了施工作业。

之后，王恺翔和同事又马不停蹄地赶赴另一个施工地点——山西省吕梁临兴4期线路勘察的现场。这里因山路崎岖、道路狭窄，许多地方汽车通行不了，王恺翔他们只能步行。白天上山前，他们经常根据地图定位，与施工地负责人约在指定地点碰面。但指定地点范围较大，手机在山里要么信号弱，要么干脆没有信号，所以王恺翔到达地方后往往找不到人。于是，他们在无形中走了许多冤枉路。

十几天的时间里，王恺翔和同事一起紧跟每条线路的勘测，该完成的勘探孔数量一个都没有少，最终保质保量地完成了任务。事后同事拿出手机一看数据，哈哈大笑：“这些天我们共往返整整3000公里，庞大的数据说明，我们太较真啦！”

王恺翔却意味深长地说：“没办法，内诚于心，方可外信于行。该我们走3000公里的，就绝不能只走2999公里。”

故事的哲理

“较真”的本质不是较劲，而是认真。而认真以及认真的持续，又如何才能做到？认真过程中必然的消耗和额外的代价，又靠什么克服？靠对背后意义的深入理解。认真，是死磕的态度，但更是一种基于理解并养成责任之后的态度。

（张珠容）

“我不要考虑性价比的问题”

交付，就只有品质与工期

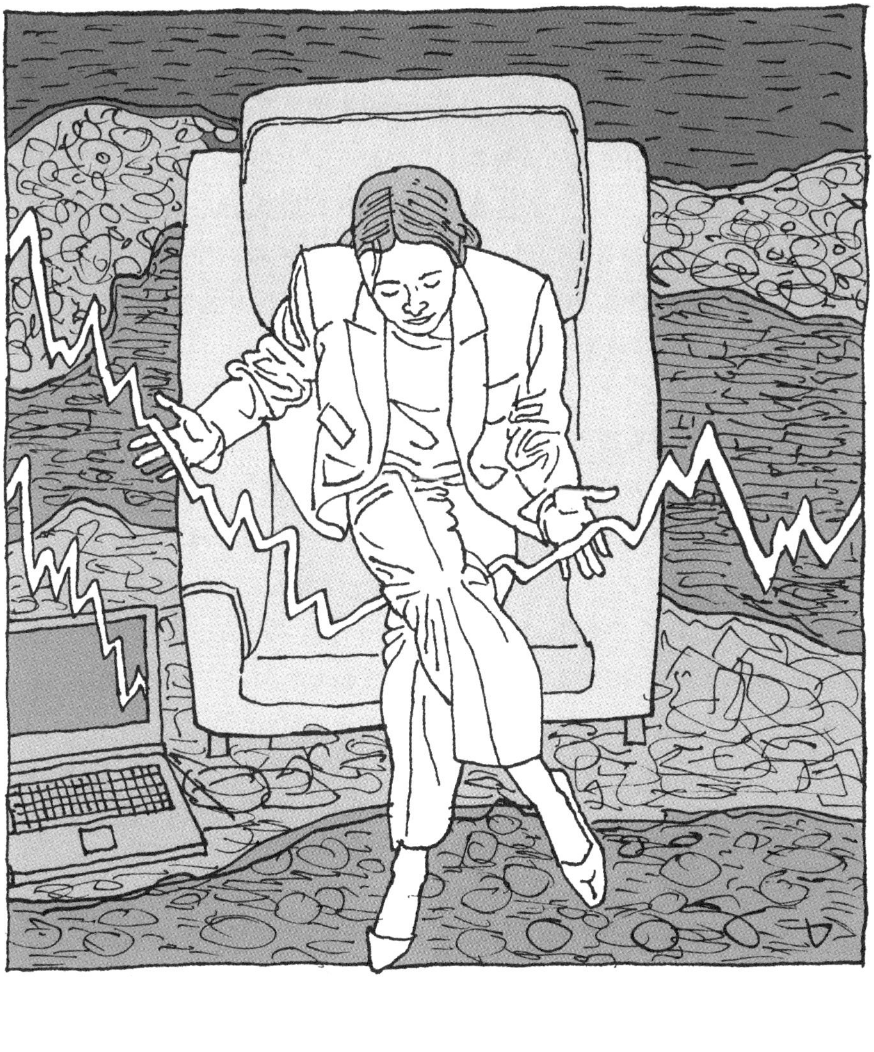

哲理的故事

2020年，森诺公司承担河口采油厂埕东东区馆上段剩余油分布规律研究项目。

该项目需要对500多口井进行油藏分析，工作量巨大，项目经费却较少，“性价比”极低。正因如此，没有谁愿意接手这个项目。

关键时刻，勘探开发部的首席咨询师邓新颖站出来，承担下了这项艰巨的任务。之后，她每天加班，一口井一口井地绘制曲线分析生产特征，一个井组一个井组地分析注采关系。有同事提醒她：“甲方主要要求研究地质部分，开发提出调整思路就行，你干吗把自己搞那么累？这个项目性价比那么低，给多少钱就干多少钱的活得了。”

邓新颖却认认真真地说：“我的看法是，要么不接项目，要接了，就不要考虑性价比问题，必须认真负责把项目干好。甲方委托我们项目，是对我们的一种信任，咱们交出去的成果必须经得起检验！”

最终，项目验收时，评审专家一致认为邓新颖工作细致到位，成果具有非常大的实践意义。

因为邓新颖性格温和，又以“老黄牛”般的工作作风闻名于勘探开发部，所以大家习惯喊她“邓姐”。但凡有跟邓姐合作过的同事，都对她赞不绝口，说她认真负责，耐心十足，从不挑肥拣瘦，工作时总能面面俱到。与邓姐合作过的客户更是对她赞誉有加，往往一个项目还没结束，他们就提出要跟邓姐继续合作的想法了。

故事的哲理

作为项目经营两大要害，一个是拿单，一个是交付。性价比是拿单阶段要权衡的事。而作为交付，所追求的就是品质和工期。而我们常见的问题，是对此职责认知的错位。

（张珠容）

先为别人着想

让别人先赢，才能合作共赢

哲理的故事

2020年初，森诺工程设计院承接了河口采油厂一个工程的物资采购大项目。但森诺工程设计人员通过与两家外部合作供应商沟通后发现，对方只从自身利益出发，还凭借自己的专业经验不断提出新的采购方案和建议，使得森诺一度陷入采购难的境地。

所幸，从事工程物资采购工作多年、有着丰富经验的燕德超出面解决了这个难题。他分析，此次采购难题的根源在于部门内部采购工作的管理体系不够成熟，所以合作供应商才有空子可钻。于是，他耐下心来，召集相关同事参与部门采购管理相关制度文件的编制及整理工作，然后一起对涉及采购的每一条款都认真梳理，仔细推敲，分析利弊。

在这个过程中，燕德超一直强调："我们不仅要制定更为详尽的采购管理条款，还得多从合作供应商的角度出发，多拟定一些或利于对方或互相促进的条款。此外，我们还应该多运用专业知识和油气行业的经验，为他们多提供开拓市场和发展进步的平台。"

"光为他们着想吗？"几个同事感到不解。

"不，是先为他们着想。你为别人着想的多了，别人自然会回过头来为你着想。"燕德超说。他还特意讲了一个有趣的例子："与我同住一楼的一个邻居经常问我：'为什么小区保洁员总是优待你家，总把你家门口打扫得干干净净，轮到扫我家门口时就马马虎虎？'实际上，我只做了一件很简单的事情——我交待保洁员，我每次都会把要处理的快递盒及一些废品拆好堆放在门口，请她及时拿走。保洁员见我这样为她着想，打扫我家门口卫生时自然会格外上心。"

再一次面对两家外部合作供应商的时候，燕德超翻出条款逐条解释，并始终采用类似的语气与对方沟通："要是从您这个角度出发去看……"对于对方感到不满意的个别条款，他也没有争辩，而是拿出笔和纸，用心记下对方的诉求，然后再进行修改。两家外部合作供应商见燕德超如此尊重他们，为他们着想，反而有点不好意思，也就不那么斤斤计较了。接下去的沟通顺畅了许多。最终，森诺出台了令两家外部合作供应商十分满意的采购条款，与他们建立了一次愉快的、共赢的合作。

哲理的哲理

不管是生活还是工作，着眼点，都应该是他人；而着力点，都应该是自己——除非你的初心，本就不是为了双赢。

（张珠容）

把被耽误的一个半月，抢回来

言必行，行必果

哲理的故事

2020年，森诺公司项目管理中心承接了中联公司在山西临兴的一个增压站设计项目。该项目对中联公司的意义十分重大，建成投产之后，可以打开中联公司在临兴的区块煤层气销售新市场。可是，好事多磨。2020年的新冠疫情，让该项目的投产一波三折。

受疫情影响，增压站的冬休复工时间比原定计划晚了一个半月。中联公司为了确保全年煤层气的产量目标，要求项目投产时间不变。为了响应业主要求，森诺工程设计院总工程师王春岚、中联项目经理王琦、天然气所首席王通通商议并请求领导后，连夜选派盖发宾、王洋洋和邹京军三位驻场设计代表，赶赴地处千里之外的山西神府、吕梁临县、兴县等地的施工现场，进行全程现场服务、全过程技术支持。出发前，这三位誓言："我们保证完成任务，把被耽误的一个半月时间抢回来！”

疫情期间，高速路上静得出奇，半个车影都没有。森诺的专车虽然孤独地在路上奔驰，车内却很热闹，讨论声音源源不断。原来，盖发宾、王洋洋和邹京军你一言我一语地分析，哪些环节可以抢点时间回来。一路上，他们风尘仆仆。第二天傍晚，他们三人刚抵达施工现场就投入到项目建设当中，连一口水都不顾上喝，一个觉都舍不得睡。

在施工现场，三位驻场代表遇到了好几个棘手的难题：原有老站与新建增压站设备不匹配，造成了冲突；采购的设备因厂家问题迟迟未到位；施工单位的不确定性，造成现场大量合同变更……其实，这些急需解决的难题并非森诺公司的分内责任。但为了追赶施工进度，三位驻场设计代表不仅没有推脱责任，而且还忙前跑后，不厌其烦地与各方沟通、协调，协助业主解决难题，推动项目一步步进行。

施工现场地处偏远，条件艰苦，三位驻场设计代表却一句怨言也没有，经常跟着工人一起跑现场，及时解决现场出现的各种复杂难题。有一天，他们一直忙到下午才有空闲的片刻。邹京军问两个同事：“现在难得有几分钟时间，我们做点什么有意思的事情吧？”盖发宾和王洋洋突然哈哈大笑起来。邹京军丈二和尚摸不着头脑：“你们笑什么？”“还真有一件有意思的事儿可以做——我们互相听听肚子，看谁的肚子叫得最响！”盖发宾打趣道。“我觉得行！”王洋洋也附和着。邹京军这才反应过来：他们光顾着忙，午饭都还没吃呢！

接下去的时间，他们三人每天继续马不停蹄，一个问题接一个问题地解决。在问题最集中的阶段，王春岚和王通通亲赴现场，每天早出晚归，现场提供技术支持。在他们争分夺秒的努力下，被耽误的一个半月终于被抢了回来——森诺保障了项目如期运行，实现了对业主的承诺。

故事的哲理

孔子云：言必行，行必果。森诺公司的核心文化理念与之极其契合，他们始终秉承“一旦承诺，务必兑现”的原则，按照业主要求完成每一个项目。诚信，和为了诚信的全力以赴，永远是第一位的。

（张珠容）

第二章
创新驱动

管理与时俱进
业务持续创新

在变化的时代，没有什么方法可以保证一直赢。过去赖以成功的经验做法，随时可能被“门口的野蛮人”颠覆，变成今天的绊脚石。只有与时俱进，永葆创新激情，才能永立潮头，走在行业前列。

一张草图引发的流程“革命”

培育研发“偏执狂”的土壤，是未来的核心竞争力

哲理的故事

在森诺公司老员工张晓云的手机里存着一张画着草图的A4纸照，而这张照片就是森诺首创的“一体化装置”最初始的构想。

2020年7月的一个周末，森诺研发团队领军人、全国勘察设计大师裴红正要下班，时任公司副总工程师的张晓云和设计项目负责人王田田，急匆匆来到了他的办公室。“裴总，周一现河采油厂领导要听咱们的短流程优化方案，可我们头脑中还没有任何头绪，您看怎么办呢？”张晓云很着急地说着，而站在一旁的王田田几乎要急出眼泪来。

得，也别下班了。裴红听完重新坐下来，拿出了一张白纸和一支铅笔，开始一边听她们讲述待优化的长流程现状，一边画图。流程从长到短，意味着该减的减，该合的合……合？对，就是合！裴红心理盘算着，凭借着几十年油气集输与处理、天然气深冷与油气储运技术研究功底，手上飞快地在纸上勾画着，画着画着，“一体化装置”雏形跃然纸上，由于情况紧急，裴红考虑这个“一体化装置”除了自己，其他人很难理解，因此连夜完成了形象突出的一体化装置多媒体。其实，当时裴红认为厂领导不会一下子接受这个方案，因为这需要有胆识加创新意识，加之毕竟灵光乍现并不成熟，但周一拿去作为一种全新的方案投石问路还是可以的。

意外的是：“一体化装置”竟然得到了厂领导的认可，一致认为这是一个很好的点子。点子是好，可真要将这个

很好的点子变成现实，难题太多了：如何实现流体的合理流动？如何确保油水质量？如何节能？甲方虽说支持，但森诺真舍得投入吗？……裴红开始顾虑了起来。

“一体化装置”是利用全平衡与重力流协同作用的理念，创新出的单双层全重力平衡油气水处理一体化技术，它将传统与现代各项成熟技术整合到一台设备中，用一个“点”来解决当下新老油田为实现油气水分离处理而建设的整体加热、分段处理、降压、缓冲、加压、电脱或大罐沉降等一连串冗长的高耗能流程。

了解这一构想之后，森诺董事长姜传胜眼前一亮，马上就明白了这是一场革命性的突破啊！石油开采要节能降耗，多少年都一直在口号中原地打转，这下总算找到了一条出路，意义重大。他没有任何犹豫，立即批准投入1800多万专项资金，并鼓励研发团队：“你们尽管搞研究，资金不是问题，销售不是问题。我的决心就是你们的信心。”

“1800万，不是开玩笑！不仅全力支持，而且是真舍得投入啊！领导这是要玩儿真的了，那还有什么好犹豫的，开始干吧。”裴红的顾虑打消了。

图是有了，但是真要成型，尤其要对性能研究明白，势必要付出一番努力。在接下来的270个日日夜夜里，裴红日思夜想，随时随地。那段时间他见惯了后半夜每个时段的星光，不管几点，几乎每个深夜里裴红都被脑海中产生的解决方案搅醒，然后赶紧起来把方案画出来或者把想法记下来，甚至出差路上或者吃饭过程中还在思考，并时不时蹦出一个个解决方案的念头。从“大斜管”里的流体到“净油腔”中的含水原油，再到“项链”结构下的溶气液气浮，巧妙地解决着一个又一个难题。

原理足够巧妙，却也给团队的理解带来很大困难。用机械制图，大家没办法理解，裴红就用纸张叠成形象的形状，把巧妙的结构直观体现出来，再加上身体造型比划，真可谓是手舞足蹈。同事们把这个方法亲切地称作“叠纸鹤”。总之，裴红想尽办法让团队更容易理解他的思路，共同继续推进设计工作。

知易行难。认知上达成共识本不

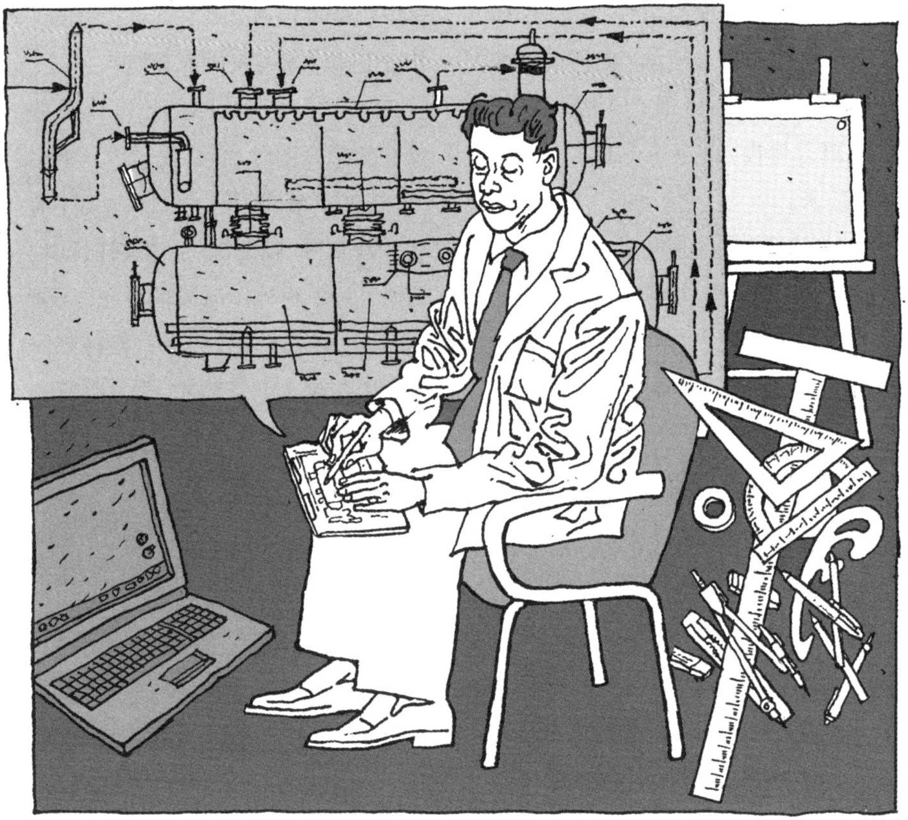

容易，真做起来可就更难了。所有装置的性能在理论预测中是非常优良的，但需要实际的测算来佐证。设计中，在每一个环节结构尺寸的确定中，都要经过无数次严格的计算。哪怕是一个部件在流体流动中产生的阻力，也要计算准确、表述清楚。特别是结构中确保整个装置平稳运行的关键部件——“大斜管”，尽管结构上简单，但设计原理上对平衡的控制非常严格，团队硬是通过计算将诸多实际运行参数都控制在了最佳状态。

从不成熟的草图构思，到成为设计蓝图，再到实际测试，理想一步一步接近了现实。2021年春节前，第一台“一体化装置”以崭新的外观运抵现场。裴红对于这项来之不易的成果十分珍惜也很自豪，宁肯放弃春节回北京休假，也要陪设备一起过个年。3月20日试投成功，5月顺利通过了检测和鉴定，之后全面进入了推广应用阶段。

这标志着森诺科技有限公司取得了一项重大创新突破，这在国内外尚属首创，更填补了世界油气水处理行业的一项空白。森诺将有望走出国门服务全球油气行业。

张晓云手机里这张草图，会用时间来验证它的历史价值。

故事的哲理

巧妙的创新成果，源于灵感、基于积累，始于激情，终于工匠精神。

当研发成果成为企业下一阶段的核心竞争力时，企业就必须能够为研发“偏执狂”们的梦想而营造一个不断使之衍生与实现的管理平台与氛围。这就是企业的核心竞争力。事实上，稻盛和夫将京瓷做到全球数一数二且半个多世纪始终盈利，就是靠这种研发专注乃至追梦成真。有了过硬技术，再说哲学，再说阿米巴。

（任慧媛）

既然鱼龙混杂，为什么还能一统天下

用自己的确定，应对环境的不确定

哲理的故事

2018年，胜利油田将职工住房不动产登记的招标工作委托给了森诺招标代理中心。然而代理中心的"胃口"大得很，他们看到的不只是眼前的这次招标——能不能成为胜利油田招标代理工作的主阵地？

看似是一句试探，却透着代理中心志在必得的自信。

"没有金刚钻别揽瓷器活儿。这一项油田上下关注的重大民生工程，干好了，后面的合作会源源不断；干砸了，就再没有下次了。"部门主任王海波准备亮出他们的"金刚钻"。

在招标工作中的投标报名阶段，代理中心团队发现了投标人存在资质和业绩瑕疵问题。通过约谈，告知信用查询失信的后果，投标人主动退出了投标报名，项目风险在开标之前得到化解，最终圆满完成了招标。甲方比较满意，并将胜利油田公有房屋不动产登记工作的招标代理工作又委托给了森诺。

本来业务正逐渐打开，由于国家刚刚出台的取消项目招标代理机构资质政策，市场一下子变得鱼龙混杂，各种机构都来竞争，一再压低价格——森诺招标代理市场受到了一定冲击。

“咱们不拼价格，拼服务，突出专业性和服务意识，只要规范操作，就没有后顾之忧。”王海波坚定地说。

果然，没多久审计部门就查出了一批其他单位代理出现违规操作的项目。森诺代理中心更加引以为戒，王海波和项目经理董锐一起带领团队开始升级他们的“金刚钻”。

历年来，油田招标管理方面没少检查出问题，在这些问题的基础上，王海波和团队针对招标代理业务流程的重要节点制定了质量管控卡，自创了“七步检查法”。从招标方案确定、招标书编制，到招标申请审批、投标报名、组织开标评标，再到招标结果审批、组卷存档，每一步都做了详细规范。要求项目经理作为规定动作来执行，以此降低项目运行中存在的风险。

2019年、2020年，连续两年，胜利油田的车辆管理中心维修服务招标工作全都委托给了森诺。

每次的任务，都是时间紧，工作量大，竞争又非常激烈。过了截止时间了，有公司大半夜还在连追加堵地向王海波他们递交文件，甚至动用熟人关系施压。但为了坚持公平公正原则，王海波他们硬是没有接收逾期交来的文件。

森诺招标代理中心用既专业又规范的操作建立起了自己的口碑，赢得了甲方的认可，进而赢得了长期委托业务。后来，胜利油田但凡有新招标业务出来，森诺成了必推人选，业务就这样由点到面地打开了。

故事的哲理

必须面对的事实是，市场正在变得越来越不确定——即便是一些本来的刚性领域。应对外界不确定性的最好办法，就是更加明确和保持自己的确定性，也就是自己的刚性和准则，以不变应万变。不用左顾右盼，专心做好自己。

（丰心）

厕所里的机会

坚持做正确的事

哲理的故事

2019年，中石化提出创建绿色企业，森诺负责给它们做雨污分流项目的方案。工作过程中森诺发现由于野外没有自来水，也没有排水设施，采油队使用的是非常简陋的旱厕。他们进一步发现石油开采业50多年来，作业队从来就没有过正规厕所。当即，董事长姜传胜有了一个想法——研究出环保厕所。采用微生物降解的原理，对粪便进行分解变成二氧化碳和水，从而达到免水冲的目的，帮助中石化把这块短板补上。

当这个想法一提出来，森诺董事会争议非常大：投资大，回报不确定，没市场、没技术、没经验，真的有必要去做吗?

姜传胜还就此做了一番调查发现，全国厕所革命的市场有3万亿，而满足农村厕所革命环境条件的产品却很少——这么大的蓝海为什么不做?

经过一番讨论，董事会最终通过了决定。为了中石化的绿色环保计划，也为了农民如厕有尊严，开始了他的厕所研发之路。一代产品做出来了，不符合要求，投资打了水漂。二代产品做出来了，还是不行，投资又付之东流。不灰心，再进行第三代尝试。姜传胜说："达到目标最短的距离是直线，但是如果直线走不通，就往左拐，还是走不通，就往右拐。没有经过所有这些尝试，我是不会放弃的。"

历时一年半后，森诺终于研发出了环保厕所，大大改善了野外采油作业队的如厕环境。在此基础上，森诺又研发出了家用智能免水冲环保厕具，既能满足农村厕改需求，也可以为行动不便甚至不能下床的失能老人提供方便。产品推出后获得了第一届全国农村改厕技术产品创新大赛一等奖，

如此，森诺的环保厕所不仅帮助中石化补上了厕所的那块短板，而且成为了推动厕所革命的爆款产品。

故事的哲理

变化的背后一定存在某种趋势，趋势的背后一定是某种机会，把握住了机会一定会带来一个新的局面。关键是能不能从变化中寻找到趋势，从趋势中识别机会。

丰田是做织布机起家的，如果一直坚持做织布机也就没有了后来汽车公司的传奇。

(任慧媛)

“吵”出来的共识

多元性，是企业安全创新的保障

哲理的故事

有一次，在森诺西南办事处的一间公寓里，传出了一声高过一声的激烈“对话”。引得隔壁房间的同事以为马上就要吵起来，相继出来询问。但经过了解才知道，这是森诺钻井工程造价团队在“讨论”工作。

当时，他们正在开展西南威远成本分析的项目。项目负责人段志刚分析完所收集到的邻区中石油资料后，得出中石油钻井周期明显短于威远已实施钻井周期的判断——这意味着邻区在技术和管理上更加先进。

“你们怎么看？”喜欢听到不同声

音的段志刚向在座的同事问道。

“为什么少这么多？两处井是否具有可比性？数据来源是否可靠？是否还有其他论据支撑？”公司首席专家李英认为，这个分析不够清楚、论据不足……抛出了一连串的质疑。

段志刚坚持他的初步判断，但面对李英的质疑他需要给出解释，一场“激烈”的讨论就此开始。资料来源靠不靠谱？两处井的地层结构到底有没有可比性？各自钻井技术差别在哪？机械钻速谁快谁慢？一环一环的对比、讨论，中间还不时出现交叉讨论，激动时声音不由自主地就大了起来，气氛也趋向于紧绷。直到最终梳理出了邻区先进性的相应环节，解释了李英的质疑，“争吵”才走向平息。

像这种情况，在森诺石油工程部经常发生。之前有一次也是在这个公寓里，李英对另一个项目已实施井钻井周期的分析提出了质疑，她认为部分井的数据太过异常。这让在场的段志刚又来了兴致：真理不辩不明，大伙儿一块辩论辩论嘛！

他们把各井段钻井技术和机械钻速逐一进行对比讨论，终于发现地层难打是数据异常的主要原因，其钻头损耗已经超出了正常情况。

“声音大些没关系，达成共识后反而会很感谢这个争论。观点的确是不辩不明，不深挖不透彻。”会后李英说道：提问、质疑、分析、再提问、再深挖的打磨过程，也是让大伙儿收获最大的过程。其实早在团队组建时，人员安排就已经从能力协调上进行了统筹考虑，目的就是让各有所长的成员发出不同的声音，讨论起来角度各异，既互相补充，又互相激发。

如今，多环节头脑风暴的打磨方式，已经形成了部门的基本工作模式，在此模式下，精品项目不断涌现。

故事的哲理

现实中，很多组织害怕争论，害怕不和谐，在做事时总想着“做人”。殊不知，“无效”的所谓共识，对组织不知不觉的危害，远比“有效”的所谓争执要大得多。统一不是目的，有效才是目的。特别是研发正在成为中国企业核心竞争力时，提倡信息和思路的“多元性”，将是保障创新、规避风险的第一步。

（朴一）

“无中生有”的方案

创新需要知识、胆识和信念

哲理的故事

一直以来，森诺公司都致力于创新研究。可“创新”二字写一写很简单，要践行起来却困难重重。

有一次，董事长姜传胜在参加国家清洁能源研讨会时突发奇想：我们能不能响应国家能源逐步清洁化的号召，搞一个“油田井场的加热炉替代方案”？原来，传统油田加热炉采用的是油井伴生气供热。这种加热方式弊端很多，气源未净化处理，且多为湿气，燃烧不充分不说，在燃烧过程中还会产生大量VOCs排放，不仅“能耗高”而且“污染大”。

开会回来后，姜传胜把自己的想法和工程设计院热工所几位专家一说，立刻遭到他们的质疑。大家一致认为，这样的创新没有先例可循，没有经验参考，简直太难了。

“清洁能源是未来发展大方向，我们紧跟国家大势搞研发肯定没错。”姜传胜说，“当然，创新都有风险，难度也很大。如果创新那么容易，还要我们干什么？”他这简短有力的几句话，顿时燃起大家的激情：既然老板这么有信心，我们还怕什么？

于是，几位专家就围绕“清洁能源替代方案”展开了头脑风暴。这些致力于热能动力行业的技术人员，平时的工作就是和热量打交道。在头脑风暴会上，他们你一言我一语，还真提出了不少激动人心的方案。而后，他们逐个计算，看看哪个方案更优。

经过一段时间的不懈努力，成功设计、研发出了耗能更少、更加环保的橇装式光热单井原油加热装置，并很快投

产试用。经过一年来多个项目的应用，光热加热装置在单井、站库等场所运行稳定，不仅解决了VOCs排放问题，而且消除了因为井口天然气不稳定给原油生产带来的影响，为油田、为社会创造了经济效益和环境效益。

其实，光热装置不是森诺的第一次创新。此前的从几千米下地层取热为居民冬季供暖的“地热供暖模式”，以及利用油田污水余热为原油集输加热、为房屋供暖的“采出水余热利用”，都是森诺的创新案例。森诺人一步一个脚印，硬是“无中生有”，创造了一个个“奇迹”。

故事的哲理

在创新事物出来之前，人们总觉得这不可思议，那是天方夜谭。所以，创新若是一锅美味的汤，必不可少这几样主料：丰富的知识、过人的胆识以及坚定的信念。

（张珠容）

一条漂亮的“项链”

要灵光乍现，不妨绕开走

哲理的故事

2020年，森诺自主研发一体化装置过程中，有一处处理水的腔体中需要用到溶气气浮原理把水中的油彻底去掉。这就好比可乐中混入了原油，打开瓶盖之后可乐中的气体在上升过程中把原油带到表面。

但是那么大一个腔体，如果直接注入溶气液，则只是局部被作用了，没有被搅动的地方依然含油。如何把溶气液均匀注入到处理水的腔体中就此了关键。

总设计师裴红冥思苦想就是没有思路，干脆就先放到了一边。

不几天去外地出差，去附近商场买东西时，裴红无意间注意到别人脖子上戴的项链，立刻联想到了一体化装置中那个处理水的管子，就好比是人的脖子，那么能不能给管子戴上“项链”呢？

裴红进一步想到，把注入系统做成项链模式，也就是从项链的8个角度类似车轮子般“辐射”的方式围住管子，保证了注入的均匀高效。而且安装拆解起来就像戴项链摘项链，也非常方便。如此，问题也就解决了。

之后，裴红申请了这个专利，名字就叫“项链”。

裴红有个爱好是拉小提琴，工作中遇到难题时，往往会先去拉会儿小提琴，在拉琴过程中思考工作难题的解决方法。

还有一次，裴红研发的一体化装置里面需要加个炉子，但这并不容易。裴红一开始是很严肃地坐在桌前想，可死活就是想不出来。

算了，先不想了。于是就去做饭，煮粥，烤地瓜。等饭熟的时间，又去拉了会儿琴，拉着拉着，突然就冒出了加炉子的灵感，问题又解决了。

在裴红的工作中，类似的瞬间还有很多，他一直认为：若把工作当做乐趣，就什么都不是事儿。若把工作当做压力，则只会越干越累。

故事的哲理

美国心理学教授马克•比曼说过：“当你把注意力从难题中移开之后，关于这个难题的灵感其实正在你的脑中悄然孵化。”就像爱因斯坦和达尔文，相对于自己的工作，他们更倾向于将长时间遛弯儿放在首位。

（任慧媛）

森诺为什么能"赢者通吃"
管理就是从每一天抓起

哲理的故事

2019年，中石化在山东开展了一个地热项目，集中组织招标，共三家设计单位入围，森诺是其中一家。甲方要求14天内拿出3套图纸，正常来说至少要3周时间。虽然时间明摆着很紧，但三家单位都答应了下来。

接到任务之后，被称为森诺地热"专业户"的黄圆圆带领团队开始执行。看这工作量，如果正常流水作业，时间肯定是不够的，只能穿插进行。于是，黄圆圆先把工作提前做分解，那些必须先完成的就提前完成，压缩出时间，能够同步进行的就同步进行。

合理划分之后，黄圆圆作为项目总负责人每天一上班就先拿着表格追问各个负责人：今天是什么计划，有没有拖进度，拖进度是什么原因，打算怎么样把拖延的工期赶回来？

一个项目牵扯到七八个人，每个人都有不同的任务角色，身上至少都背着五六个项目，往往是谁催得紧就先干谁的。这就难免会出现当前的项目时间被某些特别的项目挤占，这就意味着要反复协调。每个负责人要计划出挤占用多少时间，能留出多少时间，然后黄圆圆再计算能不能满足当前项目的要求，否则就要重新调整计划。有时候，哪怕压缩别的项目的时间，也得把当前项目进度赶出来。

黄圆圆知道，必须有这么一套强有力的执行力。如果放任自流，等5天后再去问进度，就什么都晚了。由于快速反应，并不厌其烦地时时督促，使得节奏可控。最终森诺按规定时间交出了图纸。

而其他那两家设计院却没有拿出任何东西，而且一直拖延了大概1个多月时间才交出图纸，质量又非常差，以至于口碑直线下降。虽然那两家设计院都在框架标里，但哪怕在冒着份额违规的情况下，甲方也不再与他们合作了，后面连着五六个项目都给了森诺。

从那之后，森诺拿下了中石化地热余热板块100%的项目，相当于吃下了石化系统地热余热的整块市场。

故事的哲理

保持进度意识，把控工作节奏，一环扣一环，最后按时完成项目任务。正如海尔在20世纪90时代提出的“日事日毕，日清日高”管理体系。有效的组织管理，都是从每一天做起的。

（朴一）

“价值谈判”稳住效益红线

要么创新，要么死亡

哲理的故事

2020年3月，油田单位的一纸“压减前期工作费用”文件，让森诺经济咨询部感到阵阵刺骨寒意。这意味着经济评价部的业务将大量缩水，效益的不确定性更是直抵冰点。

如何在“压费用、竞争多”，僧多粥少的残酷现实下“争效益”成为经济咨询部不得不面对的课题。

“合同谈判”是企业“争效益”的重要环节。经济咨询部主任隋汝科要在这里打开一个缺口，让“合同谈判”创造价值。

传统的谈判，即为了促成交易而进行的活动，更多是从各自的经济利益出发，实现自我价值的最大化。

经过深思熟虑，隋汝科认为，谈判不仅只通过价格升降而得到体现，与其在价格上双方争执不休，还不如设法从双方利益目标出发实现共赢。

5月的一天，隋汝科召集市场业务经理围绕如何让“合同谈判创造价值”展开了热烈研讨。事实上，由于油田对油藏经营理念的不断深入，优化提效的方式不断改进，经评咨询费用随投资压缩幅度压减是不可避免的事。

与其被动防守，不如主动出击。变，为“他变”和“我变”。

众所周知，经济评价取费标准，是按照产能项目最终批复总投资额为基准线，按照国家相关法律法规文件，测算咨询费用。这是不可控的“他变”。而“我变”则是，根据最新评价参数修订标准，不同类型项目从成本到效益要求测算更精确化，使工作更为复杂。其次，根据油田新规定，产能项目必须

增加单井效益评价，经评测算工作量呈5~10余倍增长，经评咨询费用再压减显然不够合理。所以，这也正是森诺的机会。

“由变中谈，从谈中争，以争求变”。几轮研讨下来，思路越来越清晰。最终，隋汝科拍板决定，把经济评价部原有的“传统谈判小组”升级为“价值谈判小组”。

表面上看“价值”替代了“传统”，只是两字之差，内涵却天壤之别。

“价值谈判”从“我变”因素出发，同时考虑“他变”因素对委托方产生的目标要求。正是这一理念的创新，让经济咨询部在接下来与部分二级单位进行合同谈判时收到奇效。最终双方达成一个最优合作结果，既助力了油田单位的降本目标，又保证了森诺合同份额的最大实现。

目前，“价值谈判”已成为经济评价稳住效益红线关键点的制胜法宝。

故事的哲理

想出新办法的人在他的办法没有成功以前，人家总说他异想天开。因为，大凡实际接触过科学研究的人都知道，不肯超越事实的人很少会有成就。

（睿雪）

V3向V4的“乔迁之喜”

变革需要破旧立新

哲理的故事

森诺协同办公平台V3已经很老旧了，各种不兼容导致流程繁琐而效率低下。 2017年，一场从V3向V4的重构变革终于开启。这是一个让所有人捏一把汗的活儿。

因为一个软件产品从无到有，无非是一个创造过程，相对容易，但平台重构则不同，不仅需要对底层的海量数据进行重新梳理，还要对新增的扩展功能重新设计。其中最不好把控的，就是数据迁移。

数据迁移并不是复刻，而是像一个集团从一个楼搬到另一个楼，首先楼和楼的构造不同，没办法做到一一对应。而不同的人在分工搬运东西时，也无法保证没有遗漏。大面上看都搬过来了，一时也发现不了谁丢了什么，可能要到再次用着的时候，才发现没有搬过来。

所以系统中可能存在不常用的模块不兼容的问题，或者出现老平台没数据，新平台也没数据的情况。而数据资产，又恰恰是公司最大的资产。从2004年以后就在推无纸化办公，有些数据只在原平台上有。一旦搬迁出现数据丢失，而当发现的时候，历史数据又可能已经更换了设备，或者经过了多次交接，有些已经找不到了，所以那些历史资产也就永久丢失了。

为了确保万无一失，项目组组织人员集中测试，人工运维，将平台的关键功能进行全年的测试。项目组还建立了新老数据库的转换模型，针对关键的数据新老平台并行，新平台用转换后的数据进行人工校验。工作量之大可想

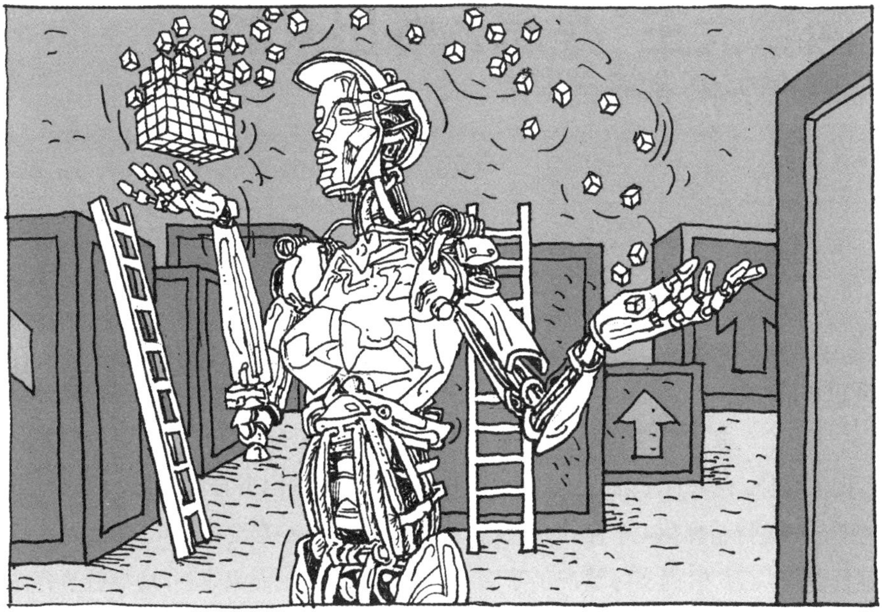

而知，项目组一度有人累到腰椎间盘突出。经过1个多月的多次预演和修改，3个多月的试运行之后，由于事先计划周全，所以总算完成了平稳迁移，项目组上下都松了一口气。森诺的办公协同平台迎来了“乔迁之喜”。

原来，由于V3架构里没有接口或者不兼容，新增一个简单的小模块都需要1–2周的时间，还不一定能成功，而在V4架构中，只需要2天就可以了。更加健壮、更具兼容性与可拓展性的新版平台架构，将运维工作从老套繁琐的开发模式里面解救了出来。

故事的哲理

变革意味着打破旧思想，旧格局，创造新未来。企业管理也是一样，敢于摆脱原有的各类框架和思维的束缚，站在更高的高度以全新的形态和思维拓展新的发展之路。如此才能在竞争激烈的未来市场中谋得一席之地。

（丰心）

“回款大王”是怎么炼出来的

结果的效率，都来自日常

哲理的故事

王东仁，森诺勘探开发板块经济咨询工程师。在平时，他的工作之一是协助部门进行结算相关事宜，即甲乙方签订合同、乙方根据实际情况梳理合同、甲乙双方对接款项等。

作为乙方的一名工作人员，王东仁协助部门主任、首席以及其他同事一起，总能够及早地、顺利地回收款项，实现企业利益的最大化、最优化。

其他部门有人曾问王东仁：“你们部门的工作总做得这么出色，是不是有什么秘诀？”

“有啊，秘诀就是我们做得最多的一件事儿，日常梳理！”王东仁答。“日常梳理？那不是很简单的一个工作内容吗？”“这个工作内容是很不起眼，可对我们而言，它起着很大的作用。”

原来，以往的结算模式，都是甲方验收项目合格后，乙方开具发票及时到甲方办理财务挂账手续，而这些结算工作，往往都要推到年底的11月和12月。这样做的结果是，年底事赶事容易出错漏。为此，经济咨询部把握大局意识，提出“时间挪位结算”理念，做好“两互动、一目标”，即在项目梳理上做好互动，在结算程序上做好互动，趁早完成结算任务目标。把集中到年底的工作放到日常去做，这就是王东仁口中所说的“日常梳理”。

由于每年年末事情较集中且繁多，所以看似不起眼的日常梳理规避了很多在年末集中梳理合同而可能产生的遗漏、错整理等问题，防患于未然。另外，因为是日常梳理、日常结算，公司的资金回收也加快了进程，收益也

提高了。如：按照以往结算模式，某部门12月份回款400万元。按照时间挪位结算模式，若6月份回款400万元，则年底为400×（1+4.9%/12）6=410万元，收益较以往结算模式增加了10万元。

相应的，回款时间越早、回款数额越大，则收益越大。这样，公司整体增加了收入，实现了资金的时间价值，保证了收益的最大化最优化。而公司之所以能获得这些改善，就得益于“时间挪位结算”理念，得益于数十个像王东仁这样的员工在日常所做的梳理。

故事的哲理

本事来自积累，功夫都在日常。平时把工作都做到位，虽不壮丽，却最有效率。

（张珠容）

客户项目被叫停，董兴涛怎么办

跳出来的卓越

哲理的故事

2016年，森诺的诺达公司负责人董兴涛带领的团队凭借多专业一体化配套和独创的“咨询+软件”优势，顺利接下了一项艰巨任务——研发中石化上游板块第一套“能源管控软件”。

从无到有，没有先例可借鉴，项目建设难度可想而知。不过，战胜这些困难只是“前菜”。真正体现出他们底气和实力的，是整个研发过程。

项目起步时期，由于时间紧、任务重、难度大，团队成员存在畏难情绪。

项目负责人董兴涛鼓励大家：“我们应该跳出眼前，往远了看。国家“十三五”节能减排综合工作方案中明确推进工业企业能源管控中心建设，咱们项目顺应国家政策、企业发展愿景，商业前景巨大，一旦做成，就能打造成行业示范，影响力极大！”听了这席话，大家认识到这个项目意义非凡，影响深远，顿觉激情澎湃，斗志昂扬，迅速投身到这个全新的挑战中去。

为保障项目进度，董兴涛带领团队摒弃传统的先分析、再设计、后开发软件工程的做法，采用求同存异、迭代定型的互联网开发方式，确保项目迅速推进。面对项目中遇到的各类难题，董兴涛带领团队开展技术攻关大会战，晚上定方案、建模型，白天现场试验，而后根据调整结果再进行修正，如此循环。在那段时间里，他们虽然每天都是深夜拖着疲惫的身躯走出办公楼，但心里始终充满激情，期待早日打开节能信息化这片市场。终于，他们高质量完成胜利油田现河采油厂郝现管

理区能管中心试点建设任务，实现了油田能管技术的新突破。

取得了阶段性的成果后，董兴涛想趁热打铁，带领团队迎头奋进。

可就在此时，因投资政策调整，能管中心建设步伐放缓。一时间，团队成员犹如蔫了的茄子，个个无精打采。董兴涛也感到很郁闷：此时任务已达成一大半，若是放开，心有不甘；若是不放，又该如何？不过，他在内心始终相信，节能作为“第五能源”潜力巨大，能管项目一定会成功，且一定有广泛的应用前景。

董兴涛对团队里的成员说：“还

记得当初刚做这个项目时我说过的一句话吗？‘我们应该跳出眼前，往远了看’。这次我想说的是，我们应该跳出眼前，往周围看一看。虽然目前能管中心建设推进遇到困难，但我们能源能管中心建设效果是实实在在的，郝现管理区分系统能耗水平显著降低，年节电211.3万kW.h，郝现能源管控中心被国家发改委评为2018年全国重点能源资源计量服务示范项目。各开发单位都实打实的需要我们呀！另外，在胜利油田之外，必定还有不少开发单位需要这样的能源管控软件。”

“对，是金子，总要发光的！”

“我们确实应该跳出原来的框架，寻找新的出路！”

“既然认定了这条道路，我们就别停下前进的脚步！”

就这样，大家的激情被董兴涛重新点燃起来了。随后，他们一改往日“先开发再推广”的模式，遵循“边推广、边应用、边完善”的原则，与现河采油厂深化合作，细细打磨能管中心功能，融入大数据分析、人工智能等先进技术，构建一体化能源管控新模式，实现能源消耗精准管控、效益运行，节能效果显著提升。

功夫不负有心人，通过几年的努力，他们终于迎来了业绩暴发——能源管控系统全面应用于胜利油田的十六家开发单位，助力油田实现电量、电费“双降”，能管中心成为油田节能降耗强有力的抓手。后来，董兴涛经常运用“跳出眼前看一看”的思维来解决问题，效果都非常不错。

故事的哲理

专业，必须要钻进去。但卓越，必须要跳出来。

（张珠容）

“停工”阶段如何不停“工”

生产“不行了的时候，才是工作的开始”

哲理的故事

2019年，森诺公司的环境工程板块通过不断努力、积极创新，打造出了具有企业特点的多类拳头产品，其中就有一样——免水冲环保厕所。

俗话说，“酒香不怕巷子深”，因为产品好，免水冲环保厕所相继获得胜利油田等多个油田企业的订单。环境工程板块上上下下的员工一片欢喜。可是，突如其来的新冠疫情打乱了所有计划。酒香了，有很多人争着要了，酒家却突然无法生产了，这可如何是好？

制造商停工、材料商停货、人员延迟上班等，免水冲环保厕所无法组装。虽然很多已经下了单的业主表示愿意接受推迟交付，可对项目组而言，生产压力还是很大，因为各地要求居家隔离，大家无法到岗工作。周志刚副总经理迅速做出应对："咱们先干只动口、只动脑的活儿！"然后采用远程会议的形式，给大家统一安排文书类工作，如编写技术规格书、制作宣传材料、设计设备外观、绘图，等等。项目组人员的工作方式虽然改变了，工作激情却一点儿也没减。在远程会议上，周志刚有一次打趣道："我们现在能做的，就是多想想怎么把'酒'酿得更好。等可以动工了，我们就加紧时间'酿酒'；等好酒能卖了，我们就抓紧时间送到客户那里。"

到了4月，防疫压力有所减轻，各地企业相继复工，前期与项目组合作的供应商也相继启动生产。为不影响供货，项目组多地考察进行技术交流，然后通过比质比价比服务确定下2~3个供应商。与此同时，他们不断优化完善产品质量，相继做出第二代、第三代产品，并根据业主需求进行定制，获得了业主的一致好评。

5月份，项目组在加班加点中完成了100余套免水冲环保厕所的生产、优化和改造。此时，各业主方都要求尽快供货、尽快安装。为了保证安装进度，周志刚亲临现场统筹指挥，将项目组人员分成若干队伍，奔赴不同区块进行安装。因为时间紧、任务重，项目组人员几乎每天都要工作12个小时以上。尤其是5月25日那天，外面大雨滂沱。因设备吊装时间较长，设备运至现场时已经是晚上7点多。而业主要求当天必须完成安装，项目组人员只得撸起袖子，冒雨安装。最终，他们在保证安全和质量的前提下，按时完成了厕所安装工作。

故事的哲理

稻盛和夫说过一句话："当看起来已经不行了的时候，才是工作的开始。"

当工作常态无法继续时，并不意味着停"工"，而是全新工作模式的开启。甚至，这会是一种更有效率的工作模式。因祸得福，是创新者必备的工作思维。

（张珠容）

拒绝每一滴污水

依靠个性和共性特点解决问题

哲理的故事

2019年初，胜利油田的采油厂、油公司陆续委托森诺工程设计院水所设计排污改造方案，希望后者接下14家二级单位近千余个基层站点的“雨污分流”改造工作，做到不让一滴污水直排流入环境水体。

接到任务之后，水所上下人员都参与其中，却很快发现：由于涉及改造单位地域较广，各单位基础设施运行情况有所差异，执行的环保政策又各有不同，所以设计标准和改造措施难以统一。比如，有的单位允许雨水外排，有的单位却不允许雨水外排，根本无法统一。

项目总牵头人工程设计院副总工程师刘辉，见大家皱紧眉头，说："办法总比困难多，我们先一步步做起来再说。"

于是，大家开始分工合作——各项目经理负责调研、汇总情况，宋纪委所长、邓佳美首席制定技术路线，王丹首席进行改造措施的讲解。

在调研的过程中，各项目经理发现，虽然各站点存在的问题各不相同，比如有的将污水直排站外，有的雨季积水严重，有的旱厕卫生条件差，但基层单位的建设规格基本类似，都有办公楼、食堂、浴室、厕所等几样建筑。

在汇总信息时，有个项目经理风趣地说："我看呐，这一个个站点跟我们人类是一样样的。咱们人类吧，有的喜欢快言快语，有的喜欢沉默不语，可他们都一样，同是两个眼睛一张嘴！"他这话把大家给逗笑了。刘辉接过他的话头，说："所以我说先做起来再说嘛。此次任务，我们只有一个大目标，那就是'拒绝每一滴污水'。至于存在差异的各基层站点，我们可以'因地制宜'，根据已经掌握的各站点特点制定出不同的改造方案。"

于是，项目经理们把存在的所有问题摆出来，挖掘出共性，提出统一的改造原则；而后，再结合各站点的具体情况制定出改造思路，做到"一厂一思路，一站一方案"。2020年年底，森诺工程设计院水所终于完成了所有单位的"雨污分流"改造方案，提交了一份傲人的环保成绩单。

故事的哲理

工业流水线一样的解决方案已经彻底过去了。基于客户共性提炼进而实现模块化输出的个性化与差异化解决方案，已成为常态。

(张珠容)

严谨的“折腾”

决策要建立在寻根问底之后

哲理的故事

在森诺，有一位爱“折腾”的副总经理，两三年内不折腾点儿事儿出来就坐立不安，用他的话说：时间长了不断做重复性工作，就会觉得没有了动力。这位副总就是付林。

公司好几个“从无到有”的板块都和他有关——环境评价板块是他提出的，工程设计板块是他提出的，安全评价板块也是他提出的——最后都一一变成了现实。

由于油田采出的石油中90%都是

含聚污水，而且水要就地回注，所以就地分水和就地处理是非常重要的一环。而森诺之前做水处理纯粹只做工程设计，并不参与落地，利润也没有达到最大化。何况设计如果缺乏工程的支撑，是缺乏说服力的。

对此，付林产生了“污水资源化”的想法。但他在爱“折腾”的同时又是一个比较严谨的人，每次提出一个想法，他都会先思考好长时间，把每一件事儿都当成是去打仗，至少得有七成的把握能赢得市场，才敢提出来。

所以，这次的新想法提出之前他已经翻来覆去想了两三个月，不断请教行业专家验证，并选定了核心的技术负责人之后，才跟董事长姜传胜提出，征得了同意。

又是一个“从无到有”，付林先请来了水务方面的专家，然后用七八个人组建成了团队。经过一年的时间，至少突破了两项核心技术，其中他们发明的“压力式高效气浮装置”属国内首创，在未投加任何药剂，采出水停留时间仅为14分钟的情况下，含油去除率高达91%。

带压力的气浮装置比常规的气浮装置流程更加简化、高效，而且更节能环保。为油田的短流程改造提供了一个更加可行的解决方案。

付林喜欢把一件事寻根问底地做透。他说：作为领导层一定要把真实的东西摸清楚之后才能对未来做预测，这对企业至关重要，方向一旦预测错了，就是大错特错，这是非常要不得的事情。

故事的哲理

独特的想法一定是源于观察、总结、思考、实践，但它的终点，一定是基于反复严谨的论证。灵光与严谨都需要且有机结合时，作为企业的技术创新，才能摆脱一潭死水或风险失控的两种极端。

（任慧媛）

被别人摘走的“果子”

要算大账，算长远账

哲理的故事

在森诺文化理念中有一句话：为客户提供超值服务。

对此，姜传胜解读为：一定要服务到客户的心坎儿里。“我们干任何项目就是给委托我们项目的那个人脸上贴金，做好一次项目，领导表扬他一次，就给他贴一次金。不管背后谁给他做的报告，领导只关心这个任务完成得很好。下一次又做得挺好，就又贴一次金，估计有这么三次，他在领导心目中的印象就一定会不一样。”

姜传胜经常告诉员工：领导重用了他，他一定还会想着森诺，周边的人也会看是谁促成了他的成长。作嫁衣，总有作嫁衣的道理。

姜传胜正是善于用长远的眼光考虑问题，而不惜心甘情愿地吃亏。

森诺在为胜利油田建能源管控平台时，与油田的其中一家采油厂对接合作，说好了各拿50%的分成，但其中要用到采油厂的数据，于是就还要再扣20%分成。这么一来，对方拿的是70%的纯利，森诺只拿30%，还包括人吃马喂的运营成本。而能源管控系统正常运行却可以为油田年节电10%以上，带来的效益高达5个亿。里外里一算，明眼人都知道姜传胜是亏的，但他不争也不抢。“只要我能给他们带来5个亿的效益，别说只给我300万，就算给我3000万又能怎么样？我拿了3000万就能发财了吗？但只要整个石化系统知道就我能做这个业务，这就够了。我要算的是这个大账。”姜传胜心里有数。

“从一开始做这些事，我就没想着能给我带来多少收益。但它能带动公司整个技术能力的提升，还锻炼了研发队伍。研发成功之后，不光胜利油田需要，别的油田也需要。最终我不仅创造了价值，而且树立了品牌，这是多么大一个机会。”姜传胜仍旧在算大账。

最后回过头来看看，能源管控中心是森诺干的，大地面规划是森诺干的，简化优化流程也是森诺干的。

虽然暂时收到的效益不大，但是创造了价值，树立了品牌。厚积才能薄发，善于算大账，算长远账的姜传胜要的正是这些。

故事的哲理

商场较量就像是棋局博弈，舍卒保车、飞象跳马……棋局的赢家往往是那些有着先予后取的度量、统筹全局的高度、运筹帷幄而决胜千里的方略与气势的棋手。

（任慧媛）

“数字化党建平台”诞生记

赋能党建工作高质量发展

哲理的故事

“请问支部党建工作如何在智慧党建系统中进行考核？”森诺党政文化部党建管理专员荆鑫问到。

“你看这里，我们会根据各支部工作的质量和实效性进行实时评价和量化考核，这些柱状图、饼状图和统计排名都是平台大数据的分析结果。”

2020年5月，党政文化部主任万辟峰带领公司支部书记以及党务工作人员一行17人，来到山东东华水泥有限公司进行考察学习。

学习什么呢，对，就是学习“数字化党建”。为什么要学习“数字化党建”？这得从一次考核中说起。

一次，公司党委督导考核支部党建工作中，大家发现了问题——每次检查党建工作时，总有一些支部基础性材料缺失，有的支部大会参会人数不符合标准，有的支部工作落实不到位，疲于工作，应付检查，临时抱佛脚的补材料。计划性不强，支部评比数据对比不明显，党员考核标准不明确。

在这种情况下，董事长姜传胜对万薛峰说了一句：“去外面学学吧，学学人家是怎么开展党建工作的。”就这样，才有了开始的场景。万薛峰组织公司相关党务人员到山东省党建管理标杆单位山东东华水泥有限公司“学习取经”。

学成归来，万薛峰根据公司党建工作要求，立马重新制定并梳理了党建管理的制度流程。积极与负责开发平台系统的荆鑫、代玥、曹刚、王一非等沟通，通过科学建设数字化党建平台，全面抓取党建大数据信息，将基层组织工作、党员学习教育、主题活动开展等工作进行数据化管理，建立了科学完善的党建工作量化考评体系。

经过半年的修改完善，属于森诺科技的“数字化党建平台”于2020年底上线。以前，开会需要拿笔签到，现在开会只需要手机扫码签到，谁来谁没来，大家都能看到；以前“三会一课”都是要公司党委直接传达给支部书记，现在平台系统直接发待办给书记，没有组织实施的异常提醒；以前考核就是领导给各支部打分，现在考核看“柱状图”，最高的就是各项工作完成最好的……党建工作全面实施信息化管理，使党建工作实现了“制度化、流程化、信息化、人文化”的目标。

森诺“数字化党建”在引领企业高质量发展过程中发挥了重要作用。

2021年，森诺的党建工作荣获了胜利油田和东营市的先进基层党组织荣誉。同年，森诺党建还荣获全国企业党建创新优秀案例。东营市把森诺公司列为党建工作示范点。

“我们支部党员办公室装配专业设备，直接连到数字化党建平台。从工作任务在平台内发布，到签收、落实直至最后评价考核，线上就可以实时管控。”万薛峰如是说。

故事的哲理

数字党建系统平台从“建起来”到“用起来”“管起来”，让党务管理、学习考核、党群互动、干部人事等工作实现全面信息化。

有效破解党建工作的难点痛点。为选人用人、考核激励等研判决策提供支撑，更好地做到“知事识人”。

（白雪）

第三章
合作共赢

同心创业 共享成功

“合作如兰，扬扬其香。采而佩之，共赢四方。”合作是彼此成全、彼此成就。无论客户还是事业伙伴，都是同一战壕的战友，因为共同的目标走到一起。合作是1+1，只有事合、人合、力合、心合，才能发挥大于2的效能，实现共创共享共赢。

借力卡奥斯"一张网"解决"最后一公里"

善于借力，合作共赢

哲理的故事

2019年年底，森诺决定研发环保厕所，解决广大偏远农村由于缺少排水系统，如厕环境太差的问题。

董事长姜传胜亲自带领团队首先突破了用微生物分解人体排泄物的技术，之后又经过反复试验，设计研发出了符合农民需求的免水冲马桶。一开始在小范围做了试用，获得了一致好评："挑不出一点儿毛病。"于是，姜传胜决定大范围推向市场。

好酒也怕巷子深！这么用心研发出来的好产品，怎么样才能让人快点儿发现并使用上呢？一般来说，一个新产品要推向市场，首先是铺天盖地地打广告。但谁能保证重金砸出来的广告就一定能达到预期效果呢？这毕竟还是一个市场培育的过程。

另一方面，产品销售出去了之后，售后服务怎么保证？马桶卖向全国各地，按说就要全国铺设维修网点。可这现实吗？同样是一需要一个过程的，时间不等人。

对于这个“最后一公里”的问题，姜传胜反复思考着。

当年，香港之所以能迅速走向繁荣，一个重要原因就是能和外国的大公司合营，借着他们的品牌、原料、市场，再加上自己便捷的交通、优越的地理位置，从事加工制造，终于成为“四小龙”之一。

突然，姜传胜茅塞顿开——海尔卡奥斯不就是现成的售后网络吗？免水冲马桶的注塑、组装、检验本就是由海尔卡奥斯代工的，如果再委托卡奥斯售后服务，也算顺理成章啊。而且，当用户看到是海尔卡奥斯的售后队伍上门服务，那么对于免水冲马桶这个“生面孔”的信赖便会油然而生。

卡奥斯有现成的网点，需要好产品，森诺有好产品，需要网点，于是双方一拍即合。

海尔卡奥斯售后服务网络犹如末梢神经一般遍布全国,直达六线市场，并且全国各省会城市、直辖市均设有“海尔电器售后服务管理中心”。借用海尔的售后网络和品牌形象，姜传胜既解决了“最后一公里”的问题，也让用户使用没有后顾之忧。

好风凭借力，森诺的免水冲马桶像是插上了翅膀一样，飞入百姓家中。

故事的哲理

借助于车马的人，不一定自己跑得快，却能远行千里；借助于舟船的人，不一定自己善水性，却能渡江河，只是因为善于借力。善于借力，能够节省时间和精力，专注目标，从而不断积聚自己的底气和实力，获得更大更快的成功。

（任慧媛）

拉上年轻人，一起干

要造物，更要造人

哲理的故事

有一年年初，时任森诺石油工程部主任的翟永明将西南川西老区定额编制项目派给了咨询师“老将”段志刚。平台刚下达完任务之后，段志刚就找到了翟永明，说：“我有一个建议！”以翟永明对段志刚多年的了解，他知道段志刚要提什么建议。

此前，石油工程部也是将西北定额项目派给段志刚，并希望他带着新员工一起干。只是，在老带新的过程中，大家配合得还不够默契，所以项目完成得不那么顺利。

翟永明猜测，别的老员工接到项目，都会慎重考虑要不要带着新手员工一起干，但段志刚不会。果不其然，段志刚开口了："我想，这次还把李心凯、刘彬、朱玲玲和张霄这些年轻同事叫来，一块参与进这个项目，我再带着他们一块做。"

"上一个西北定额项目，你也是基于相同的初衷，想带着新手一起成长，可最后并没有达到预期效果，这次你就没有顾虑吗？其实，就算项目只派给你一个人，你也完全能够承担得起，而且会做得很好。"

段志刚信心十足地表示："这次我把表格在上次的基础上进行了重新设计，精简到了八张表格。我会给他们进行实例讲解，让他们既能够基本掌握定额编制方法，也能够对钻井专业知识有进一步的了解。"

翟永明向段志刚竖起大拇指："你的良苦用心他们一定能感受得到。不过，这样你需要付出更多的精力，绩效也会因此受到一些影响。"

段志刚摆摆手，说："这些不重要！咱们的时间和精力毕竟有限，只有年轻人成长起来，慢慢挑起大梁，将来部门才能够有更大的发展！"

在之后的项目运行过程中，翟永明看到，段志刚总是不厌其烦地悉心指导年轻同事，带着他们一起忙碌。翟永明感到十分欣慰。他想：对段志刚而言，不计得失的分享是为了帮助更多年轻人进步，这属于"利他行为"。但是实际上，在利他的过程中，段志刚的工作能力也在一直提升，同时还收获了他人的肯定，这是"成就自己"。

故事的哲理

作为企业，真正让自己的发展可持续的，在于深深明白并做到：造物，更要造人。甚至在更高层面上，造物的目的，就是为了造人。所以，海尔CEO张瑞敏会说：企业即人。

（张珠容）

拼出来的“森诺速度”

努力去做是我们的责任

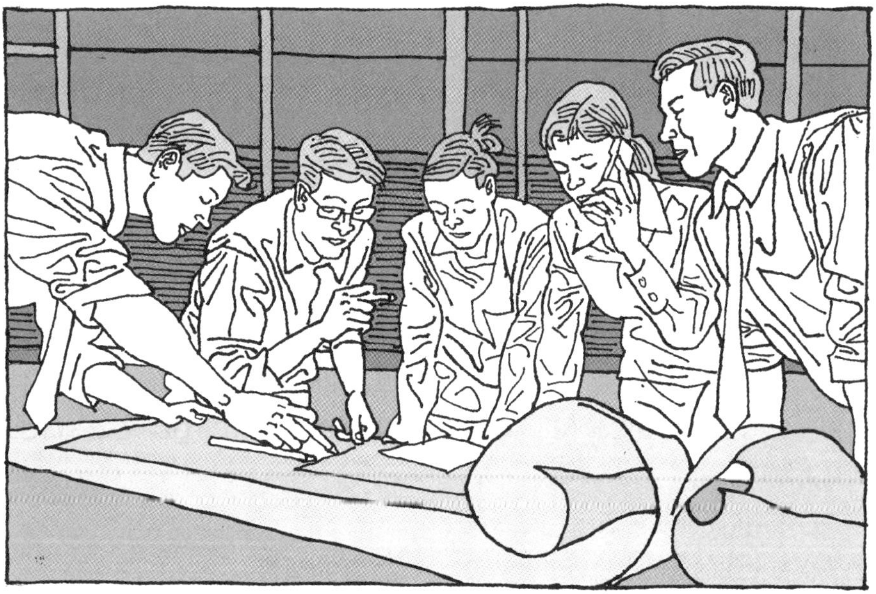

哲理的故事

2020年，由于疫情肆虐，导致上海局委托当地设计院对某基地进行整体规划迟迟无法完成。作为上海局未来主要办公场所之一的某基地，原本计划2021年底前完成改造，各子单位搬迁入驻。而完不成规划，就无法施工。为避免工期问题影响企业单位入驻，上海局决定直接委托森诺公司完成基地隐患治理的方案及设计，但留给森诺的时间只有两个月。

接到任务后，森诺工程设计院水

所工程师刘怡青，马上组建项目团队。第二天一早，便带领项目组乘八点飞机前往上海。抵达机场后，没顾上休息，直奔现场进行调研。

森诺工程设计院成立以来，就提出“为工程招标及开工争取更多时间，助推‘当年规划、当年设计、当年开工’的构想。面对不可能完成的任务，刘怡青带领项目组要用昂扬的专注专业姿态书写‘森诺速度’”。

基地现场距离上海局来回车程超3小时，项目组几乎每天往返于管理局与基地之间，白天分散调研，晚上汇总梳理，在驻扎现场期间，采用视频会议的方式组织专家内审，做好技术把关。

针对现场复杂地质，工艺专业逐个摸排检查井现状，编制雨污分流改造方案，确定污水处理方式；电气专业逐条电缆落实走向，制定“蜘蛛网”下地方案；结构专业结合滩海地区淤泥质土地质条件，筛选出防地基沉降的有效措施；项目管理中心协同项目组同期调研，结合类似项目EPC经验，提供指导意见。

时间在紧张的忙碌中一天天流逝，调研结果也日渐丰厚。

在第九天专家评审会上，项目经理做了全面细致的汇报，面对审查专家提出的问题现场答复，顺利上报。

在等待批复的同时，项目组没有闲着，而是将方案转化为图纸，确保评审报告批复下达的同时能够及时提交设计文件，为基地早一天开工争分夺秒。

当基地上，路面破碎机“隆隆”声响起的那一刻，刘怡青和项目组成员欣慰地笑了，这也意味着项目组圆满完成任务。此时，距离森诺接受委托还不到两个月。

故事的哲理

责任就是对自己要求去做的事情有一种爱。而爱的前提是“热情”。正如托尔斯泰所言：一个人若是没有热情，他将一事无成，而热情的基点正是责任心。

（张珠容）

让听得见炮火的人呼叫炮火

市场拓展必须配套组织变革

哲理的故事

2018年，为了把森诺工程设计院的队伍盘活，殷志强从行政层级更高的运营管理部再一次回到了原来所在的工程设计院，又重新当起了院长。其实在此之前，殷志强已经当了两个月的代理院长。在这两个月里他进行了仔细观察与调研。

上任第一天开全员会，先从问题入手，殷志强按照马斯洛的层次需求论，讲了一个《从人员流失看管理问题》的PPT，提到了包括市场手段僵化、年轻员工的生存保障不足，考核不公平带来的权责失衡，团队壁垒导致各自为战冷眼旁观，通道狭窄缺乏认可，以及发展受限失去期待等一系列问题。

“我知道我们面临很多问题，但我相信我们的征途是星辰大海。我承诺如果年底目标达不到一个亿或者不能超产一千万，个人情愿放弃年终奖。”殷志强在一次交流会郑重承诺，先把自己扔到了火上去烤。

为了解决市场空间问题，殷志强与公司销售部密切配合。那一年，殷志强基本上把所有资源都调动起来，把能求的单位全求了，能跑的市场全都跑了一遍。但当真的把市场打开之后，却发现内部的管理体制已经跟不上了。

首先面临的问题就是信息传递滞后、快速反应的优势逐步丧失；二是专业所室长的管理幅度持续增加，对市场的敏感和员工的关注度降低；三是考核单元关注进度而技术序列只关注质量，项目经理接受多头指挥；四是核心骨干员工数量较多，缺乏合理晋升通道和施展舞台，无法充分发挥价值。

为解决上述问题，殷志强开始了大刀阔斧的改革之路。首先是推行了区域项目经理负责制，认命了一批责任心强、了解客户的项目经理，负责固有市场的业务维护；二是调整了专业所室的部分职能，中层管理者“全体起立”重新竞聘上岗；三是增补3名副总工程师，并改进了技术序列的考核方式；四是重新建立了量化工时的考核体系，及时兑现，多劳多得。通过两年的调整，院内基本形成了“区域经理主战、专业所室主建、潜力业务储备”的格局，让前线指挥炮火，让资源快速流动。

理顺了管理，市场业务开拓也就变得得心应手。2018年，工程设计院产值重新突破1亿元，2019年产值突破1.2亿元，工程设计院重新走上了发展的快车道。“区域项目经理制”也在后续过程中不断完善，形成目前公司“阿米巴经营模式”的雏形。

故事的哲理

要扭转乾坤，必然先攻市场。而市场改观之后，管理瓶颈必然显现。

由此看，华为常说“让听得见炮火的人呼叫炮火”，不是简单的一句口号，它是对公司转入高速成长期时，从上到下权力分配、资源流转、支撑服务、考核评价等一系列机制体制的重新构建，是对每一个功能节点职能的重新定位和赋予责任。

（任慧媛）

新能源所里的“三代人”

优势互补才能成就强大团队

哲理的故事

“客户在哪儿，市场就在哪儿！”森诺一向以客户为中心，部门设置也会随业务的变化进行调整。新能源所就经历了从工程设计院独立出去，现在又重新回归设计院的过程。

这个由70后、80后、90后，“三代人”组成的新能源所，在工程设计院赫赫有名，不仅敢打硬仗，业绩高效，而且相处和谐，亲如家人。

2020年，森诺工程设计院新能源所承接了北京新星公司的开发利用后评价项目。正当项目接近尾声时，新星公司突然提出，把原先编制的3个不同类型的报告，合并为一个总报告。这可不是简单的叠加，而是要把3个报告，打散后重新定义，组合成一个全新的报告。

擅长编制的朱兴文是个典型的80后，面对困难，他一脸轻松，因为挑战对他来说，永远是机遇。而对擅长项目现状编制的伦雪萌和擅长经济测算的李婷婷来说，却不是件轻松的事。这一改变，意味着之前做的大量工作，可能要作废。虽然这两个90后，不怕加班熬夜，但面临这么紧的工期，倍感压力。

关键时刻，发挥了“三代人”团队的力量。70后的总工张同秀有着丰富的经验，他重新梳理了工作思路和方向。而80后的主任钱猛则带领大家在赶往新星公司的路上，就与甲方沟通总报告编制以及汇报PPT制作的细节问题。

在北京出差的日子里，这五个伙伴集中办公，每天加班到凌晨两三点。最终，他们仅用一星期就完成总报告及PPT的编制，并顺利通过了集团公司总部的验收。

“三代人”的默契配合，不禁让人想起一个小故事：两个饥饿的人得到一位长者恩赐的一根渔竿和一篓鱼。他们商定，每次只煮一条鱼，然后共同去找寻大海。经过遥远的跋涉，他们来到海边，开始了以捕鱼为生的日子。他们一个擅长钓鱼，一个擅长捕鱼，所以每天都有收获。而且，他们相处得十分融洽，从不为一些小事吵嘴。几年后，他们建造了自己的渔船，盖起了房子，还拥有了各自的家庭。

“三代人”的默契，与故事里两个主人公的配合有着异曲同工之妙——两个团体都是靠优势互补、和谐相处取胜。

故事的哲理

俗话说，人心齐泰山移。“单打独斗”已经过时，已经不能适应科技、信息高速发展的当今社会了。现在是抱团合作的时代，唯有放下自我、融入团队，才能共赢。

（张珠容）

改掉“狗熊掰棒子”的毛病

整合资源，推倒部门墙

哲理的故事

2021年初，森诺的诺达公司提出了“服务于国内全能源行业的智慧企业、能源管控和安全环保等领域，成为行业领先的信息化解决方案提供商”的战略目标。投资业务管理信息化系统是诺达打造的核心产品之一。

2021年上半年以孤岛采油厂为试点建设了“采油厂投资管理项目全流程协同管理平台”，成为了诺达的一个样板案例。

在这之前，诺达做过很多年的投资业务管理系统，类似系统数量起码在10个以上，但风格、样式、流程，甚至开发技术和基础架构，都不尽相同，往往一个系统一个样，一个项目一个样，其中主要原因是之前的事业部制的部门设置条块分割，本该配合的环节也被部门条块人为割裂了，相互之间有壁垒。造成重复性工作量增多，资源不能有效整合利用。

“比如底层业务流这个模块，之

前由于是不同的部门、不同项目组在给不同的单位做，虽然有互相借鉴的地方，但出来的风格根本不可能统一。而且由于都是市场零散的‘个案’，摊子也越铺越大，难度上去了，产值却上不去。像‘狗熊掰棒子’，一个完整的、标准化的、可复制推广的产品还是没有最终形成”。诺达公司产品总监张晓平一语道出了痛点。

2021年伊始，诺达公司重塑资源，聚焦专业，把同专业的人放在同一个资源池子里，做程序开发的就专门在做开发的池子里，搞业务咨询的就固定在搞咨询业务的池子里。

孤岛采油厂投资管理系统项目启动之后，把之前做投资管理所有经验拿出来进行交流分享，大的像新星石油、西北油田、西南油气田等油田级别的投资共享平台系统，小的像海洋采油厂、石油开发中心等采油厂级别的投资项目管理系统，这些历史系统的经验被全部提炼整合出来。

无论是从底层架构到表单制作，还是从界面设计到业务流程的信息化，全都变成了优中选优方案中的标准化产品。做项目的经验也变成了集体总结后有选择的累加而不再是部门割裂下的同质化重复。

“这样一来，项目有需要协助的地方，只要吱一声随时能得到支援，工作量均衡了，也就解决了原来部门之间不通气儿，不知道到哪里能找到资源，该让谁协助的问题。”大家感触颇深：最重要的是形成了标准化的产品之后，变得可复制可推广，极大地拓宽了市场。

孤岛采油厂投资项目全过程协同管理平台建设周期较之前的同类项目大幅缩短，上线半年以来，已运行各类投资项目74个，涵盖23个部门，106名用户。不仅加强了采油厂对投资项目的运行管控，提升了运行规范性降低了风险，而且缩短了项目建设周期，减少了管理成本。采油厂领导、专家及各部门一致肯定这是一个精品项目。

故事的哲理

部门之间有堵有形无形的“墙”，管理者要勇于推倒“部门墙”，加强相互协作，建立信息共享和沟通渠道机制，共同完成企业整体目标，企业才能在激烈的竞争中永续经营。

（朴一）

分身乏术，杨藤怎么办

做文化就是做市场，体验先行

哲理的故事

刚到森诺的时候，时任油气储运工艺工程师的杨藤认为单兵作战要大于集体合作，因为每个项目都是分配到个人，所以他感觉“团结协作、合作共赢”的公司团队精神只不过是一句空洞的口号。不过，一件事情的发生让他彻底改观。

2020年10月13日，杨藤和同事出差到临盘油田，进行2个跨河管线项目的施工图交底工作。这边工作还没结束呢，杨藤就接到一个紧急电话——另一个采油厂计划科委托他对三个联合站的分水点改造出具施工图，且需要在10月19日之前完成。杨藤立刻排了一下工期，发现如果当天之内不完成那三个联合站的调研工作，那么一周内交图的目标就无法完成。可是，自己在临盘的交底工作还没结束，分身乏术，怎么办？

无奈之下，杨藤只能抱着试试看的想法，向同事王艳宁求助，请她帮忙跑那三个联合站的分水点现场做调研。没想到，王艳宁想都没想，就放下手头一场汇报的准备工作，然后出去调研了。傍晚时分，杨藤的交底工作结束，王艳宁也刚好从现场调研回来，两人碰头。王艳宁没来得及喝一口水，就把自己从现场调研回来的情况耐心地交代给杨藤。在这个过程中，杨藤感到很震惊，因为王艳宁不仅认真细致地记录了现场资料，还把现场流程一一画了出来，让没去过现场的人一目了然。资料交接完毕之后，王艳宁又叮嘱道："明天一天我都在，有问题随时来找我！"这让杨藤心里好不感激。

当晚，杨藤熟悉了一遍王艳宁调研回来的资料，很快就绘出了施工图初稿。第二天一早，他带着初稿和记录的几个问题找到王艳宁，后者又耐心地一一解答。直到看到杨藤把所有问题都搞清楚了，王艳宁才说："今天我也要去一处调研现场，你这边没问题的话，我就先走了。"

杨藤这时才意识到，自己已经耽误王艳宁很久时间了。他连连表示抱歉："实在不好意思，我不知道你要出去，太耽误你时间了。"王艳宁却笑了笑："没关系，我也是今天刚接到的通知。同事之间嘛，相互帮助是应该的。"

这件事之后，杨藤不再"单打独斗"，而是尽量融入群体。后来，随着工作能力的提升，工作经验的逐步积累，他也经常伸出援手去帮助身边的同事。杨藤说，虽然平时工作节奏快，但互帮互助的集体氛围让他每天都感到很愉悦。

故事的哲理

把企业文化提炼出来，张贴出来，都是轻而易举的。但如何才能落地到员工心中？这时候就必须让员工切身去体验。做市场的都知道，客户需要体验。其实文化落地，也是做市场，员工就是客户，也需要营造体验。

(张珠容)

多说几句话，少敲20年

沟通，贵在说到位

哲理的故事

有一回，森诺公司的勘探开发部接到一个井数多、时间长、资料极不完善、合同额度低的项目。

开发部的小石和几个同事面临着一个很棘手的问题：该项目的研究单元于20世纪80年代初投产，井数100多口，时间跨度40多年，但电子资料仅有2000年之后的，此前近20年的资料未电子化，全是纸质井史。项目组全体人员当场傻眼：20年的纸质资料，光是录入就得需要一个月的时间！

如此耗时间，该怎么办？小石自告奋勇："我去磨一磨单元负责人，或许有一些2000年之前的部分电子资料呢！"他鼓足勇气找到单元负责人，然后笑呵呵地向对方反复阐明自己的想法："据我了解，您这个单元投入开发40年，期间经过多个技术人员的管理。我想问一下，40多年来的资料真的只有纸质，没有电子化吗？会不会有一些碎片资料已经电子化，只是未系统整理过呢？"

见单元负责人不搭话，小石又多说了几句："请您一定一定体谅一下我们的难处。您这边要能帮忙动一动指头，我们开发部全体员工可能会减少一半的工作量呢！"

单元负责人本来有点不耐烦，但见小石语气这样诚恳，也就没再推脱，答应试一试。她打开电脑，一个盘接一个盘，一个文件夹接一个文件夹地去寻找资料。果不其然，她在一个没做特殊备注的文件夹里找到了一些碎片资料。

小石经过整理后发现，这些资料就是项目单元1989年–1998年的电子井史数据。此前，单元技术人员录入过，却没做系统整理，所以不被人注意。

临走之前，小石再次表达了对单元负责人的谢意："这一次您的出手援助，省下我们部门人员整理10年数据的工夫，真是太谢谢您了！"单元负责人笑了，说："没想到，你一个大小伙子嘴巴也这么甜，这么能磨人，我服了你了！"

这件事让小石心里深有感触。他想：就因为多说了几句话，自己就节省了这么多低效劳动，沟通的力量真是太强大了！从那之后，他非常注重自己与他人的沟通方式，还将好的沟通方式写成心得体会分享给身边的同事，获赞不少。

故事的哲理

沟通的价值，并不在于说出怎样的惊人宏论，永载史册，而在于充分到位，从而提升效率。做管理，不为精彩，而为有效。

（张珠容）

给你一个全新的市场，敞开去跑吧

自信胜于黄金！

哲理的故事

2020年，森诺原来的销售部解散，设立了市场开发部，任命原来的销售部副主任许卫国为销售总监兼市场开发部主任。许卫国原来只负责跑中石化胜利油田市场，十几年跑下来，关系维护得比较好，所以一年不怎么费力开拓就可以完成任务指标。

变动之后，公司这次给他充分放权，让他放下胜利油田市场，敞开了去跑中石油、中海油等那些全新的市场，并分配了1个亿的销售任务。从原来跑了十几年熟悉的市场换成需要重新开拓的新市场——难度可想而知，前景也变得扑朔迷离。公司是不是不想用许卫国了？一时间，同事们开始议论纷纷。

但许卫国并没有因此受到影响，他反而要证明自己换一个新市场照样可以完成任务。但毕竟是1个亿的任务，手里又没有现成市场，开拓新市场如何迅速铺开？许卫国思索着。

他首先想到了“三桶油”有效率提升的趋势，他打算以此为突破，开始上门推荐。有人脉的地方就托人介绍，没有人脉的地方就自己找上门。许卫国知道，不管认识不认识，只要没有打动对方的地方，交流不到契合点，谈话就会很快结束。所以他要稳稳抓住对方的痛点。

许卫国去见了一个采油厂的厂长。虽然认识但不熟，他就先聊今晚吃什么，聊着聊着拉回到业务上。但业务上谈得不是特别顺畅，他又开始聊钓鱼。总之先让对方放下防备，营造出一个轻松的聊天场景。然后才诚恳地提出对采油厂工作的哪个环节他有什么新想法，并能解决什么问题。厂长来了兴致，和他展开讨论，你补充我的，我补充你的，互相碰撞。许卫国知道，只要让采油厂对一个点感兴趣，就能迅速铺开合作，之后再不断推荐先进的理念。

上半年光跑市场，许卫国飞了三四万公里，从大庆油田到中海油到普华永道再到昆仑数智、克拉玛依油田，一个一个逐一突破，全部敲开了大门。半年刚过就把一年的市场开发工作量完成了。

客户一波接着一波前来调研，许卫国忙着接待，他很谦虚地说：“主要还是手里有东西，从能管中心到投资管理平台，再到流程再造等都很有特色。这是最大的自信。”

故事的哲理

成功开拓新市场或者新业务，首要的是自信。自信在决定你对一件新事物的判断力，和操作中的坚决程度和灵活程度。而自信，又是最难得的，需要常年去积累。

（任慧媛）

把一头扎进项目里的人“拔”出来

基于客户需求的数据，才是有意义的数据

哲理的故事

“这个项目方案，我们根本没听明白你们在讲什么？后面的几个项目就先不看了！请务必一周内重新给出整改方案。”2016年9月的一天，甲方向森诺钻井造价项目组表达了他们的不满。

这让项目组感到格外沮丧，因为他们满腔热情，将近一个月加班加点做出来的6个项目方案，甲方却只看了1个，后面的连看都没看，就全部否定了。

当时正在忙其他项目的首席专家李英紧急赶来处理。她把情况向公司领导进行了汇报，代表公司首先去了一趟甲方办公处表达了真诚歉意，认真倾听了甲方想法，捕捉到对方的思路和需求，答应会给出一份令他们满意的方案。

回来之后，李英看了一遍项目组的方案，感觉到真不能怪甲方没耐心，最大的问题还在我们自己，就是思路和结构混乱，概念性的东西没讲清楚。分析依据和论据不清晰。一边看一边直

摇头的她发现这和团队的工作习惯有很大关系：项目组同事往往都有“技术情结”，喜欢一头扎进项目先去做技术数据细节的处理，而忽略甲方更关注的数据分析依据、数据背后的判断以及形成的观点。

过程中只要某一个小问题解决不了就卡在那儿过不去，于是一叶障目不见泰山。不仅时间耽误了，也打乱了工作节奏。

要想交出甲方满意的方案，这个问题必须解决掉！李英决定把陷进技术情结中的同事们“拔”出来。

“我理解各位都很辛苦，但首先我们真的清楚人家到底要什么吗？我和客户又做了深入沟通，我发现咱们的方案结构和甲方的预期要求的确是存在偏差的。”李英跟各项目组负责人说得直截了当。一开始还在抱怨的各项目组负责人，此刻无言以对。

“所以在明白了甲方需求的基础上，我们必须按照系统思维，先把整个思路框架和观点脉络理出来，否则可能就是在做离题万里的无用功。”李英接着说：拎出框架之后再填空，把支撑观点的细节丰富充实起来，只要方向对了，整体偏差就不会太大。

意识到问题之后，各项目组负责人如梦方醒。李英帮着每个负责人逐一梳理，PPT一张一张地修改。先从整体章节结构入手，然后清理每个章节哪些内容，主要观点分几个路径方法展示，涉及到哪些论证资源需求。6个项目总共用了一周时间，把汇报PPT重新进行了梳理调整。

再次汇报，甲方果然非常满意，态度有了很大转变，并且这批成果在甲方汇报之后被其总部作为了此类项目的汇报模板。脸上露出笑容的项目组成员们，也收获了一次集体成长。

故事的哲理

越是专业技术岗位，越是容易陷入自以为是的技术自恋中，而忽略客户的需求。而这，正是很多技术型企业失败的主要原因。进入数字化时代后，铺天盖地的大数据海洋，更容易让企业痴迷于数据分析这个热炒的“术”，而忽略“创造客户价值”这个永恒的“道”。只有紧紧围绕客户需求与价值创造的技术和数据，才是有意义的。

（朴一）

做一个项目，交一批朋友

站在业主的角度去考虑问题

哲理的故事

对于多数人来说，做完了一个项目，就得赶紧寻找下一个目标。可对于森诺油所项目经理宋振来说，一个项目的结束，其实代表着另一个项目的开始。

宋振在临盘采油厂接手的第一个项目是管线类项目，不管是现场踏勘还是项目汇报，他都亲自带队，生怕有什么疏漏。这个项目汇报结束后，宋振的任务就算顺利完成了，可他却“赖”在现场不走。原来，宋振经常把自己掌握的更先进的资源与业主分享。这不，做项目时他精心梳理总结了各种管材知识，几个业主正围着他，听他“上课”呢！

宋振接手临盘采油厂项目后，在初期收集材料时与采油厂各科室负责人打成了一片，与他们进行了充分的交流，一条一条地把对方的需求记录下来，然后一点一点去落实。他这种总是站在他人角度思考问题、解决问题的态度，深受别人喜欢。项目汇报那一天，一切都顺顺利利。不过，汇报结束之后宋振还是没法马上走。原来，厂领导当场委托给了他一个新的项目。他说：“我要以这种方式来表达我对设计人员的肯定与认可！”

在参与黄大铁路的建设项目时，项目负责人宋振看到涉及的参与方很多，有胜利油田管理局、铁路公路设计方、各开发单位，等等。这个时候，各方的需求和关注点都是不同的。宋振就从各方的角度出发，充当“润滑剂”的角色，耐心细致地与各方交流。这个项目结束的时候，多方人员都对

宋振这个“润滑剂”印象深刻，夸他太为别人着想了。

宋振的最大特点，就是喜欢站在业主的角度去考虑问题。所以每做完一个项目，他总能交到一批朋友，也总有做不完的项目。

故事的哲理

“做一个项目，上一个台阶，交一批朋友，拓一片市场”是森诺公司一直秉承的服务理念，也是很多森诺个人永恒的奋斗目标。

（睿雪）

第四章 和谐文化

凝聚爱心慧力 共创美好生活

企业经营是一首大家共同参与的"协奏曲"，以和谐为美。和谐文化是企业全体人员团结进步的重要精神支撑，是推动企业"健康、和谐、可持续发展"的内生力量。打造和谐美好的企业文化，需要每个员工及关系人共同参与，人人都是企业文化的创造者、鉴赏者、体验者、守护者。

你先别着急
“反求诸己”是普世大智慧

哲理的故事

人力资源部的杨敏，是在森诺公司工作了14年的老员工。人常说，干人力资源的越老越吃香。只有杨敏自己心里清楚，上了年纪之后，很多矛盾点会一下子暴发出来。

前几年，杨敏因为生养两个孩子，身体状况变得很不理想。再加上生活中的磕磕绊绊，导致她每次上班都迟迟进入不了工作状态。为此，她感到身心俱疲。

有一回，公司内部组织了一场名为“阳明心学致良知100天”的活动。在100天的学习过程中，杨敏认真参与了，并学会了很多处世技巧，心态也逐渐变得平和。先贤有句话让她感触很深：“行有不得，反求诸己”。它的意思是，行动若没有达到预期的效果，就要多从自己身上找原因。

令杨敏想不到的是，自己在活动中学到的处世技巧很快就“现学现用”了。一个周末，一家人都在。突然，小女儿一个不小心，在关门时把自己的脚指甲给挤到了。一时间，她疼得哇哇大哭。杨敏的丈夫闻声赶来，大声指责杨敏道：“孩子和你刚待一会儿就受伤，你是怎么带孩子的？”按照杨敏以前的脾气，她早就跳起来和丈夫争吵起来了。但是，这次她没有。她一边抱起孩子查看伤口，一边对急眼的丈夫说：“你先别着急，我们先把孩子的伤口处理了再说。”

杨敏的反应让丈夫感到很意外。丈夫连忙找来药箱、毛巾、水等东西，帮着杨敏一起给孩子处理伤口。随后，杨敏不断安抚着孩子，同时教育孩子在平时的生活中该注意哪些安全。

这一切，丈夫都看在眼里。他忍不住夸奖杨敏：“你的转变太大了！”

杨敏不好意思地说：“以前每次争吵，我们都是怪来怪去的，结果矛盾愈演愈烈。实际上，我们应该多找找矛盾发生的根源，然后有针对性地去解决。比如，刚刚老二掩到脚之后，我的第一个想法是：你着急，我这个当妈的更着急。但是，着急解决不了任何问题。我要是以发脾气的方式回应你的指责，那家里会乱成一锅粥。还不如我们静下心来，想想怎么做才能把眼前的问题解决掉。”

前期的公司活动，加上这次小意外，让杨敏深有感触：不单是生活矛盾，工作中的难题也可以时时冷静应对、妥善处理。她惊讶地发现，这种理念与公司提出的和谐文化高度契合。森诺公司积极谋求员工间的和谐，倡导员工与家庭成员的和谐、员工与亲朋好友间的和谐；谋求公司与客户间的和谐、与合作方的和谐、与竞争对手的和谐、与社区的和谐、与社会的和谐。

于是，从那之后，只要一遇到工作难题，她就会在心里对自己说一句话：你先别着急。而后，根据实际情况耐心地分析解决方法，再一步步实施，直至把问题全部解决完。经过一段时间的“修炼”之后，她的处世越来越平和，工作越来越顺利，身体状况也越来越好。

故事的哲理

“反求诸己”，和“己所不欲，勿施于人”一样，是中国古代先贤的大智慧，具有极大的普世性。当一个人或团队靠近反求诸己时，其心态才会趋于平和，其决策才趋于理性，其行为才趋于有效。

（张珠容）

姜传胜的三个“标准动作”

尊重员工，才能激发员工的责任感、使命感和自豪感

哲理的故事

森诺公司在面试员工时，董事长姜传胜的复试是最后一个环节。

有一回，一名新员工顺利完成前面的面试，进入到姜传胜的复试环节。他忐忑不安地走进办公室，没想到，姜传胜见员工推门进来，下意识地就站起来，然后做了三个“标准动作”：微微一笑，点头致意，然后邀请面试者共同入座。

一时间，这名面试者的紧张感顿时消除。之后，他们一个问一个答，交谈甚欢，气氛十分融洽。到面试结束时，那名面试者刚走出房间就忍不住向另一个参加面试的员工分享自己的感受：“姜董非常平易近人，太懂得尊重员工了！”

实际上，每一名员工进入到复试环节，姜传胜都会做出那标准的三个动作：微笑，致意，邀面试者一起入座。类似这样尊重员工的细节，在姜传胜身上还能看到许多。例如，在新员工面谈会上，当员工做自我介绍时，姜传胜会行注目礼，微笑点头致意；开大会小会时，员工提出的问题他会认真倾听，并及时地记录；在回答员工的提问时，他的语气是和缓的，生怕对方听不懂；在电梯里要是遇到普通员工，他会脱口而出喊出对方的名字……姜传胜虽然是公司一把手，却时刻从这些细节出发，给予员工最大的尊重。

在新闻里，我们经常能看到一些民营企业各种堪称奇葩的惩罚式文化，如业绩不达标互扇耳光、罚吃辣椒，要求新入职员工跪爬、背乌龟壳、喝马桶水。殊不知，这样短期内或许立竿见影，但长期一定适得其反。

东汉班固所著的《白虎通•三教》里有云：教者，效也，上为之，下效之。董事长姜传胜发自内心去尊重员工，在公司起了很好的表率作用。

故事的哲理

古人云：相由心生。一切细节，都彰显内心的价值。作为管理者，只有由衷尊重员工，并显于日常，才能激发员工的责任感、使命感和自豪感。

（张珠容）

从“棒槌”到“首席”

有效管理者，必须先是“好老师”

哲理的故事

2013年，冯保华从中国石油大学研究生毕业，直接应聘到森诺工作。他学的油气田开发专业，熟悉油气藏开发的理论，看起来是专业对口。但真一上手，才发现自己对于油田开发过程中的生产动态分析、方案编制的调整却是陌生的。

森诺是做评估公司起家，“技术+经济”是咨询特色之一，要求每一位技术人员必须掌握经济评价方法——而冯保华在学校中根本没接触过经济评价。

一时间，本来意气风发的大学生冯保华心里有了落差。

不过没关系，在森诺，每一位新入

职的毕业生都会给配备一位师傅，实现一对一帮扶。

部门总工程师陈狄成为了冯保华的师傅。面对小徒弟的茫然，陈狄首先将自己多年收集的学习资料和评价模型跟冯保华做了共享。材料非常细致，尤其是陈狄自己编写的评价模型，每一项指标是什么意思，为什么算这项指标，怎么算，都有详细备注。

“师傅的这份宝贵的学习资料令我很快就掌握住了基础的东西，但如果让我自己从头摸索那就非常困难了，而且会花费很多时间。”冯保华充满了感激。

基础的理论掌握了之后，开始真正实践起来还有很多东西要学。陈狄放手让冯保华做经济评价项目，并时不时告诉他做项目的一些技巧，比如，评价的前提是取值要真实、客观、有效，想获得投资取值可以去找计划部门，想获得成本取值可以去找财务科。并嘱咐冯保华，取值尽量不要用1年的数据，要用至少3~5年的数据才有代表性和参考价值。项目过程中，遇到什么问题，随时找陈狄给予指导。

当冯保华自己可以独立做项目之后，陈狄还让他给新员工去讲课。冯保华的一个感受是，只有能够讲出来才是真正吸收并理解了，而不是只机械地照着做。

正是陈狄毫无保留的帮助令冯保华少走了很多弯路，成长很快，仅用七年时间就成为了首席咨询师。

如今，冯保华已经成为西南分公司总经理，不仅带领大家勇挑重担，而且在工作中继续独当一面。

故事的哲理

管理者经常抱怨“无人可用”，恰恰是因为大多管理者总是忙于“救火”，而不懂得花时间和精力去培养人才。

一名优秀的管理者，也应该是一名出色的教练，能够通过恰当的方法和技巧最大程度地激发员工的天赋和潜能，做到人才辈出，人尽其才。

（任慧媛）

王红丽的师傅

新时代的师傅，责任在于引导创新

哲理的故事

2017年6月，王红丽入职森诺工程设计院。由时任油气室一组组长王春岚做她的师傅，对新入行业的她，进行“传帮带”。

一开始和其他新人一样，王红丽在师傅王春岚的教导下学习了简单的基础知识，能够做一些初级的工作。但王春岚觉得，授人以鱼不如授人以渔，应该让她掌握一些工具，那才是提升工作效率的重要抓手。

正好公司刚引进的三维制图软件，内部还没有人几个人会用，于是在带着王红丽做涪陵页岩气田项目的过程中，王春岚让她把三维制图软件学起来。

经过两三个月的边建模边学习，王红丽学会了三维软件的操作，并用三维软件建立了森诺的第一个三维站场。通过三维制图的效果，甲方可以直观地看到模型，由于看得立体全面，所以前期就能避免一些错误的出现。而原来的二维制图由于是平面效果，一些隐藏的错误总是不容易被及时发现，存在一定弊端。而且三维制图可以自动出图和开料，工作效率也得到提升。

从此之后，尝到“甜头”的甲方要求项目的参与方都要用三维制图，而和森诺一起合作这个项目的另一家设计院还在使用二维制图，需要现学才能设计，本来就遥遥领先的森诺再次先人一步。

这对于王红丽个人来说也是一个非常大的进步，王春岚总是能意识超前地给她方向上的点拨与指导。

还有一次，王红丽正在写一个项目课题，王春岚在辅导的过程中发现了一个亮点——井下节流和湿气两相计量。他给王红丽指了出来，并启发她由点到面突破。最后，王红丽竟然发明出了“一种气井井下节流两相计量装置”，并成功申请了专利！

王红丽说：“工作中的每一次成长节点都有师傅的功劳，如果不是师傅点拨，我自己在短时间内是意识不到的，也就白白错失了成长的机会。”

故事的哲理

师徒制是很多传统产业的传统机制。但21世纪的师徒制，本质上的作用已不只是传承，而是指导创新。师傅的专业价值，不再局限于告诉徒弟已经发生了什么，而是引导徒弟去有效地探索将要发生什么。

（任慧媛）

教会徒弟饿死师傅

师者仁心

哲理的故事

每一年的年底，森诺都会评出优秀师傅奖和优秀学员奖。这便是董事长姜传胜非常重视的“师带徒”。每一位新入职的毕业生都给指定一位导师，实现一对一帮扶。

但即便是每年都有评奖，也还是经常发生一个很现实的情况：一些所谓师傅们往往有一个误区，认为同样一件事，自己干2个小时就干完了，带徒弟干，来回反复修改，用了两天可能还干不好。还有的认为，做师傅也不会多领到一分工资，所以即使接了徒弟也不尽心带，甚至还因为“教会徒弟饿死师傅”而总想着“藏一手”。

这个时候，姜传胜都会反问一句：当年如果没人带你的话，你会有今天吗？

这一点，首席咨询师王素贞非常有感触。2019年年底，王素贞被评为优秀师傅，她在感言中说道：新人从校园初入社会后，角色的转换需要一个过程。这个过程也因人而异，要对他们多一些包容，多一些理解，用平和的心态对待他们存在的问题。“也正是我的师傅当年对我的一番耐心，才成就了我今天的进步。”

徒弟李晨阳说，初入职场时由于各种不熟悉，往往放不开手脚，没自信，还很容易出错。恰恰是师傅对她的耐心和包容让她受到很大的鼓励。“可以说，上学所学的专业只是入了门，工作中一多半的工作技能都是跟着师傅学的。”

做师傅，不只是付出，也有收获。“其实，带徒的过程也是自我提升的过程，在解答疑惑的同时，也加深了自己对那些知识的印象，甚至发现原来的不足。”王素贞说：随着工作经验和生活阅历的增长，尤其是当了妈妈之后，带徒弟也更加懂得了鼓励与包容。

故事的哲理：

“学然后知不足，教然后知困。知不足，然后能自反，知困，然后能自强。”当一个管理者能够意识到教学相长时，也就不会狭隘地固守“教会徒弟饿死师傅”的观念了，也才是一位合格的师傅。

（丰心）

“一个打杂儿的，学国学有什么用”

国学，可以让人思考人生

哲理的故事

2021年年初，森诺开始组织全员学国学。管理层学阳明心学，员工学弟子规、中庸等传统文化。而且每天还要打卡。这让干了九年办公室工作的白雪非常抵触，在她看来，学国学是赶时髦，没啥用。

2012年，白雪入职森诺办公室。九年来，她只干一件事就是“服务”。为领导服务，为各部门服务，也为普通员工服务；甚至别的部门不管的杂事儿，也归她管，但平时更多的工作是取文件、发报纸、各种后勤管理。整天忙忙碌碌的更像是一个“打杂儿”的。

但真被大家当成“打杂儿”的时候，她又心生烦恼。

“白雪，能来公司一趟吗？有个投标比较着急，需要盖章。” 每到周六日，白雪经常会收到这样的电话。每每接到这样的电话，白雪心里总会有些不悦：“宝贵的周末时光又被打破了。”

《中庸》里的一句话：“反求诸其身”，有如醍醐灌顶般让白雪茅塞顿开。她在心里默默地问自己：“我周末来公司，仅仅是审查资料，确认盖章。而别人呢，他们在盖章前要付出更多的精力，整理资料，做标书，周末也要来公司加班，比起他们，我这点付出又算什么呢。大家的目标都是为了顺利完成工作，为公司投标成功尽一分力量，我又有什么可抱怨的呢？”

经过这样的“换位思考”，白雪仿佛变了一个人似的。当她再接到这样的电话时，会以热情的心态说：“需要盖章提前预约，周末哪天都行！”

学习之初，白雪觉得枯燥，理解不了。但到后来，当白雪渐渐地把学习变成了一种习惯，一种认同时，工作也变得更有劲儿头了。现在，每到周末，白雪都会主动来公司“溜达”一圈，看看有没有需要为大家做的事儿。

“在上位，不陵下；在下位，不援上。正己而不求于人，则无怨。”让白雪悟到，不管是领导还是员工，都要平等的当成自己的“客户”，不管是大事儿还是小事儿，都要平等的认真处理。

自从学习了《中庸》，白雪彻底告别了“打杂儿”的心态。

如今，“晨学”，已经成了白雪的习惯：早上起来的第一件事儿，就是打开课程APP听老师讲课。

故事的哲理

国学经典，蕴涵常理常道，企业组织员工同读，如同师从贤哲，读古之人，与圣贤为伍，可以从中汲取营养，修养品行。

（段红）

森诺大厦的灯光“夜景”

赢，才是目的

哲理的故事

在山东东营，有个说法：看“夜景”就到森诺大厦，他们用电就好像不花钱一样，灯火通明到深夜。森诺加班，在当地是出了名的。

外界可能觉得不可思议，但是森诺员工自己早已习以为常，只要赶上“会战”，决不“掉链子”。6点下班后再干三四个小时的人比比皆是。在一些部门的角落里常备行军床，有员工加班到深夜就不回家了，在公司凑合一宿。

原管信部的宋宇主要负责各类项目汇报材料中数据核对和文字编写工作。在“三线四区”项目的初期理论阶段，由于甲方和项目组一起“摸着石头过河”，需求不断变化，一度在两周内迭代了9个版本的汇报材料。接下来的一年时间里，项目组到油田分公司汇报十余次，到中石化总部汇报四次。随着系统不断完善，汇报材料内容越来越充实，前后数据核对量也不断增加。而这些，都需要宋宇全程参与，为了能及时完成工作不拖项目进度，她常常夜以继日，连婚假都没顾上休。

在森诺，快速反应，优质服务，客户满意的服务理念，不是虚的。一旦接受委托就不再讲任何条件，说让多长时间交付就多长时间交付。就是不计代价，加班加点也要完成。

《不眠的硅谷》中写道：“‘睡得太久，就会有人抢先得到专利、升职、项目资金或市场份额。’正是这条座右铭驱使着睡眼蒙眬的硅谷人彻夜工作。”

但在森诺，加班不是目的也不是标准，而是以责任和结果为导向，成就一单又一单业绩，赢得一个又一个市场。使每个人的岗位一级又一级晋升，薪酬福利一层又一层的加码。

就像董事长姜传胜常说的：“跟着我干，体累但心不累。”

故事的哲理

从华为的“床垫文化”到“不眠的硅谷”，每一个伟大企业的背后都有一段“上甘岭”。但重要的是，熬夜只是手段而非形式，一切一切的根本，都是为了赢。对赢的渴望，而不是加班的长度，在决定一个企业的活力。

（任慧媛）

妙趣横生的“十家连心”活动

关心了解到每一位员工的心声

哲理的故事

一般情况下，公司经常会通过会议机制解决问题，保障工作的有效推进。可你见过每次召集十个员工家庭开家庭会议的公司吗？

森诺公司就开过这样的活动会议，而且还是按期召开的，活动名叫“十家连心”。

2021年5月30日，森诺公司第二党支部人力资源部责任区组织了第一次“十家连心”活动。其中，有个“家庭成员相互表扬”的环节令人动容。你听，他们都是怎么真诚夸赞自己家人的。

人力资源部培训专员杨敏娓娓道来丈夫王大鹏的三点好："首先，我们大鹏浓眉大眼，长得帅气。俗话说，相由心生，我们大鹏这相貌带出了他的第二个优点——心地好。第三点，是关于他在一日三餐里的点点付出。刚结婚那会儿，大鹏不会做菜，基本每顿只做一个菜，比如来个西红柿炒蛋，我俩将就着吃。渐渐地，随着他学的越来越多，餐桌上的菜也越来越丰盛。这些年来，他真是辛苦了！"说着说着，她转向丈夫王大鹏："我一会儿一定要单独敬你一杯酒，以表达我对你的感谢！"

"我媳妇儿大气，不管做什么事儿，我都喜欢听她的。她考虑事情周全，干活更是利索，让人感到舒舒服服的。"人力资源部主任姜晓健夸起妻子郝秀丽来停都停不住，"还有一点最重要，就是她孝顺，对公婆特别好。"轮到郝秀丽说了，她也真诚地回夸了姜晓健三个优点："他对我的父母和自己的父母都很好，凡事都替老人着想；他善于学习，喜欢精益求精；在家里，家务活都是他抢着干，真不容易。"对于女儿，他们难掩欣喜："孩子懂事、爱学习，心地还善良，对小动物特别有爱心，对同学和朋友也特别真诚。"

"这几年我娘家事情多，我工作又忙，经常顾不上，几乎都是他去鞍前马后地跑。"森诺人力资源部招聘专员朱文杰的妻子聂玲玲，言语间充满了对丈夫的感激，同时幸福感满满，"这个月，我们马上领证十周年了。说实话，我们夫妻间没有过七年之痒'，因为每次一有什么事儿，我们都是商量着来。"

……

那一句句夸似有魔力一般，将活动推向最高潮，让空气中充满了温馨因子。活动快结束的时候，大家依依不舍。他们说，已经开始期待下一次相聚了。

故事的哲理

"倡导员工与家庭成员的和谐"，是森诺公司和谐文化的重要部分。让原本是同事关系的员工变成了如亲人般的好友，部门负责人也通过活动真正关心了解到了每一位员工的心声，能有的放矢地与员工沟通探讨实际问题，真正做到与员工同心协力。

（睿雪）

总被抢光的“大拌菜”

有生活的事业，才是可持续的事业

哲理的故事

森诺协同办公平台的工作方式，开业界先河。森诺人引以为自豪的是，这里不仅有工作，还有生活。

2020年5月27日，森诺工程设计板块副总工程师张宏伟，在森诺协同办公平台——“心情有约”栏目上，发了一张色泽艳丽的菜品图片，并说：“这道大拌菜是我爱人做的拿手好菜，也是我们家里最受欢迎的夏日开胃菜，饭桌上每次都是第一个被抢光。”

原来，自2019年起，公司为员工健康着想，专门开辟了一片绿色蔬菜基地，由专人负责种植生产。待蔬菜自然成熟后，再找专人分发给公司的每一位员工。

张宏伟爱人是个美食达人，平时就爱鼓捣各种美食。看到森诺送来的小花瓜、西红柿、黄瓜、茄子、辣椒……这些纯天然、无污染，健康又营养的绿色蔬菜，很是开心。三下五除二，一会儿的工夫就做出了一道美味爽口的开胃小菜。

简单的食材竟做出如此令人惊艳的味道。张宏伟拿出手机，拍了张照片，决定把它放在"心情有约"上，秀秀爱人的厨艺。果然，很多人看后留言，讨要制作方法。

张宏伟得意地把爱人的独家制作的秘方贡献了出来，强调说，新鲜食材是美味的基础，"大拌菜"用料非常讲究，光主料就有青尖椒、红尖椒、小黄瓜、洋葱等7种，配料更多，高达10种，不过都是在超市调料区能买得到的。制作步骤里，张宏伟每一步都写得清清楚楚：①.所有主料都清洗干净控干水分；②.把青红尖椒去蒂去籽，切成3毫米左右的丝；③.小黄瓜用刀拍松后，纵向用刀劈成4条，后切寸段；④.洋葱切丝，香菜切寸段，豆腐干切条，大蒜拍碎后切细；⑤.所有改刀的原料放入容器中，再放入所有的配料；⑥.拌匀即可装盘。这样的步骤，让人一目了然，可操作性很强。

分享了制作过程，张宏伟又继续贴上一些"注意事项"：小黄瓜先拍再切才容易入味；所有主料洗净后在冰水中浸泡10分钟再改刀，吃起来更爽脆；所有配料临上桌再放入拌匀，这样口感更好……

看完这些分享，群里好些人都发出了流口水的表情，几个女员工约好下班一起去超市备调料，几个还没领到蔬菜的男员工则表示赶紧"抢菜去"……就因为张宏伟分享的一道菜，部门的气氛一下子变得十分融洽、和谐。

故事的哲理

企业员工，是一个一个鲜活的个体。在工作的时候，每个人的压力都很大，所以更需要大家在闲余时间多做交流，多传达正能量，以促进员工之间的和谐。

（张珠容）

“新机器运转不灵”太尴尬怎么办

多动动，做自己身体的“项目负责人”

哲理的故事

“做操了！做操了！”刚进森诺公司实习时，于金泳就被主任的这种吆喝声吸引了：怎么有一种还在学校，每天被老师催着做操的感觉？

其实，广播体操在森诺盛行已久。早在很多年前，公司了解到很多员工处于亚健康状态，就在工作的间隙播放第八套广播体操的音乐，鼓励大家动一动、扭一扭，一方面缓解工作压力，一方面增强体质。刚开始的时候，于金泳也学着大家的样子，站起来做一些机械式的摆动，并不那么认真去做广播体操。他发现，不少同事也都是“赶鸭子上架”，做操时应付应付就了事。

“第八套广播体操现在开始！原地踏步走！一二三四……”有那么一天，伴随着这阵音乐声响起，大家陆陆续续从电脑桌抽离出身，成排站到工位旁边，开始伸展手脚，做起体操。“伸展运动，一二三四……”只见于金泳一个仰头，然后尴尬了：他的颈椎骨发出了一阵响亮的“嘎嘣”“嘎嘣”响！他与几位同事相视一笑，才发现尴尬的不止自己一人——好几个同事也如自己一般，出现“新机器运转不灵”的情况，一阵“嘎嘣”连着一阵“嘎嘣”。

于金泳装作若无其事的样子，继续运动。可内心里，他早已蹦出很多想法：自己这身体犹如一台久置不用的机器，虽然还很新，但因为常年不运转，里面的零部件已然生锈，不然不至于只运转一下子就发出那么惨烈的声音……做了两遍之后，于金泳已经累得不行，以为可以结束了。可仔细一听，那音乐又第三遍响起！于金泳看到，那几个同事与自己一般，如临大敌，瞪大双眼，似乎在说：什么？还有一遍？！

于是乎，几台“生锈机器”又继续“嘎嘣”“嘎嘣”地，慢慢运转起来……

持续做操一段时间之后，不少同事悄悄凑在一起讨论：“哎，你有没有感觉，做完广播体操还挺舒服的！”“是呀是呀，我觉得做完体操整个人精神了许多！”于金泳也觉得体质增强了不少，于是再也不敢偷懒。他发现，真正健康的生活方式很多时候是被动的——自己想在工位上坐着，却被公司拎起来，一遍又一遍地做操。可是，做操虽然“被动”，受益的却是自己。因此，他十分感激公司给予的这种“被动”。他决意以后主动多去做操，对自己身体健康这个大项目负责，做个像样的“项目负责人”。

故事的哲理

运动，关乎身体，也关乎精神。鲁迅、毛泽东，都是在早年就意识到了运动对于一个民族精神气质的重大影响。

事实上，整个中国的改革开放，实现振奋民心与凝聚民志，也是从体育运动开始的。

（张珠容）

牛吹大了吧

要实现高目标，“信”字当先

哲理的故事

2020年底，公司启动“十四五”规划编制，殷志强对分管的诺达公司提出了次年完成产值4000万元，“十四五”末达到2个亿的目标。

一时间，参与讨论的诺达各级人员议论纷纷：这些年一直突破不了3000万，现在还是这么多人，还是这个实力水平，却要涨30%，牛吹的有点儿大了吧？诺达的副总工程师忍不住发表了不同意见：“您接管了诺达，说明公司对这个板块比较重视，但这都只是公司内部的小气候变化，大气候还是没有变，信息化业务在油田的定位依然只是锦上添花的业务。”

“大气候当然变化了！你去看看国家、油田‘十四五’规划对于信息化、智能化的论述，认真看一下油田领导在职代会上的讲话。”殷志强回答得斩钉截铁。“智慧油田、智慧企业将是‘十四五’

期间我们最大的机遇。”另一位老总打了个圆场:“我们先写两个亿,尽力去做,完不完得成先走着看呗。”

“没有走着看这一说!既然要做咱就得做到,要不然咱们就别瞎吹这个牛。”殷志强严厉纠正道。随后,从他的视角分析了能源管控、生产指挥、安全环保、高分卫星等业务未来的前景及潜在的客户。接下来的好几天,谁有什么顾虑,对这行业是怎么认知的,都来到殷志强办公室,你一言我一语地进行沟通辩论。同时,诺达还建了一个叫“集思广益”的微信群,专门采集信息化方面的最新政策信息、动向以及领导讲话。

经过讨论,大家意识到信息化、智能化已经上升到国家战略,各大油田也把原来只是锦上添花的信息化建设变成了不得不干的事情。找到了契合点,思想逐渐统一,所有人都认识到诺达所面临的局面不是基于内部小气候的变化,而是行业大气候发生了变化。

接下来的半年时间里,诺达各级领导积极行动起来,带领团队奔赴大庆油田、塔里木油田、锡林浩特、中海油天津、西部管道公司等单位积极开拓市场,新增市场意向项目金额突破5000万元,当年实现合同转化有望超过2000万元。为“十四五”开局之年完成任务打下了坚实基础,市场开拓效果更是超出计划目标。

其实,殷志强在那次说了大话之后,他自己也改变很大。他毕竟是信息行业的外行,自己意识到既然“吹了牛”,就必须要拼尽全力把牛牵回来。只有这样,才会有越来越多的人愿意相信你,聚在你周边,共同去做成一些原先认为不可能的事情。

现在的诺达,正在朝气蓬勃地开创一个属于森诺信息化的美好未来。

故事的哲理

当一个组织需要明显变革时,第一位就是领导人必须敢于提出一个有挑战性的目标。

目标不够高,组织便不会“苏醒”。但与不切实际的吹牛皮不同,这个目标必须结合新环境新趋势,一则让目标客观有据,二则让目标主观“可信”。当组织内开始“相信”目标可能达成时,活力就一定开始显现。

(任慧媛)

王瑞瑞的“非暴力沟通”

非暴力意味着让爱融入生活

哲理的故事

在森诺企业文化中，有一条重要理念，叫“和谐文化”。旨在倡导员工间的和谐，员工与家庭成员的和谐、员工与亲朋好友间的和谐。为此，森诺每个月组织一次员工读书会，通过读书分享凝心聚力，共创和谐。

2017年，工程设计院咨询员王瑞瑞参加森诺组织的一个读书会。没想到，就是这次读书会，竟改变了王瑞瑞的人生态度。

这次读书会，选读的是马歇尔•卢森堡博士的《非暴力沟通》一书。让王瑞瑞印象深刻的一段话，是：“非暴力沟通方式就是，不要一味地归罪于对方，不只是想改变他们，使得他们的行动符合自己的利益。而是认真倾听自己和他们内心不同的声音，学会观察内在的情绪和突破那些引发愤怒、沮丧、焦虑等负面情绪的思维方式，找回自己安定的心，了解自己和他们的需求，换一种沟通方式提供帮助……”

尤其读到：“听到批评时，我们一般会申辩、退缩或反击。然而，一旦专注于彼此的观察、感受及需要，而不反驳他人，我们便能发现内心的柔情，对自己和他人产生全新的体会。”更是感同身受，因为就在不久前，她还跟自己的爱人大吵了一架。

前几天，王瑞瑞的爱人白羊男从某东上，为她买的新款包到货了。

白羊男本想借情人节之机，送给爱人一件礼物。但忙于工作的王瑞瑞，对新款包没什么感觉，况且价格不菲，就不同意买。出于好意，白羊男执意要买，王瑞瑞心有不悦，加上收到的新款

包与图片不对版，更是将王瑞瑞的不满情绪激发到了峰值。于是，对白羊男人一通的埋怨和指责。白羊男终于压不住火，针尖对麦芒地吵了起来。

原本的一场浪漫，变成了一地鸡毛。读书会上，王瑞瑞分享了她的感觉，她说："生气时，我选择了指责他，我认为他是错的，但是我没有体会他的感受和需要，总是理所当然地认为自己要在与人辩解中永远处于胜利的地位。通过这次读书会，让我学会了，当你愤怒时，如何转移注意力。这样，你就不会专注于指责了，愤怒也就不复存在了。”

四年多了，王瑞瑞一有空，就把这本书翻出来看看，受益良多。为了让更多人从中受益，2021年5月，王瑞瑞借助“森诺协同平台——心情有约”栏目，把非暴力沟通模式，发到了网上。

1、诚实地表达自己，而不批评、指责

(1) 观察。我所观察（看、听、回忆、想）到的有助于（或无助于）我的福祉的具体行为：“当我（看、听、想到我看到的/听到的）……”

(2) 感受。对于这些行为，我有什么样的感受（情感而非思想）：“我感到……”

(3) 需要。什么样的需要或价值（而非偏好或某种具体的行为）导致我那样的感受：“因为我需要/看重……”

(4) 请求。清楚地请求（而非命令）那些能丰富我生命的具体行为：“你是否愿意……”

2、关切地倾听他人，而不解读为批评或指责

(1) 观察。你所观察（看、听、回忆、想）到的有助于（或无助于）你的福祉的具体行为：“当你（看、听、想到我看到的/听到的）……”

(2) 感受。对于这些行为，你有什么样的感受（情感而非思想）：“你感到……吗”

(3) 需要。什么样的需要或价值（而非偏好或某种具体的行为）导致你那样的感受：“因为你需要/看重……”

(4) 请求。关切地倾听那些能丰富你生命的具体行为，而不解读为命令：“所以，你想……”

故事的哲理

非暴力不是今天用了，明天就可以抛弃的权宜之计。非暴力也不是让你变得温顺或听话。而是让尊重、理解、欣赏、感激、慈悲和友情，而非自私自利、贪婪、憎恨、偏见、怀疑和敌意，来主导生活。改变自己一贯的说话方式，思维方式，真的不容易。但是希望自己去改变，并且最终能改变的人，一定也是最了不起的人。

（段红）

第五章
敬业精神

工作成为乐趣
人生就是天

人生最大的事业是经营自己，工作就是修行的道场，敬业即是敬自己。有了敬业精神，工作就不再是苦役而是一种爱好，困难就不再是苦恼而是一种乐趣，艰辛付出就不再是苦楚而是一种收获。从工作里爱生命，就是通彻了生命最深邃的秘密。

焦石镇，逼出来的“罐子工作法”

越是简单，越能心无旁骛

哲理的故事

2020年10月，应业主要求，森诺涪陵项目组前往重庆涪陵的焦石小镇，为其提供生产运行技术的支持。此时，国内疫情虽然得到有效控制，但外出作业，还是要冒极大风险。

做好防护准备，项目组先期派遣项目部副经理李勃桦和项目成员夏孝财、高奕霖、崔洪运四个人提前进驻焦石小镇。

没承想，这一去，他们就被“困”住了。

10月的焦石小镇，天气阴冷，连续数周的阴雨天气，使得整个涪陵项目部公寓弥漫着一股发霉的味道。终日不散的山间雾气，给现场调研带来了诸多不便。泥泞的山间小道，更是踏勘的最大阻碍，每每归来总是两腿污泥。

几天下来，三点一线（项目部—工区—食堂）的轮回，大家的心情变得抑郁起来。

晚饭过后，项目经理李勃桦召集大家来办公室，一起聊聊。

见人到齐了，李勃桦说：“我在书上看到著名作家村上春树说，他有一种高效的‘罐子工作法’，即找一个属于自己的罐子，待在里面专注学习。”嘴快的崔洪运，马上插嘴道：“我们现在不就在罐子里吗？难怪昨天整理资料时我们工作效率那么高，其实原因很简单：越是简单的地方，我们越能做到心无旁骛。”一句话，点燃了大家的热情。

高奕霖接着说道：“前几天我们老想着待在这里是‘被困’，可换个角度看，焦石镇为我们提供了绝佳的工作氛围——它远离大都市的繁华和喧嚣，让我们能静得下心来。”

就这样，你一言，我一语，不知不觉，已经快夜里12点了。在李勃桦的再三提醒下，大家伸伸懒腰，回到各自的寝室。

后来，项目部里越来越多的人进驻到涪陵。每当有人抱怨焦石镇工作环境恶劣时，李勃桦他们就出面当“说客”，给他们灌输“罐子工作法”的好处。

故事的哲理

野外作业，被“困”在环境恶劣的地方是常态。与其抱怨，不如学会发现：越是环境恶劣，越有其鲜明的特点——简单。简单的环境有助于集中人的注意力，让人能心无旁骛地高效工作。

（睿雪）

田冬旭结束“葛优躺”的“三部曲”

优秀，源于有目标的坚持

哲理的故事

田冬旭2017年刚进森诺财务资产部时雄心壮志、信心满满，一心想着干一番大成就出来。他亲眼见证了公司财务制度一步一步走向成熟和完善，趋于简约化和信息化。可干着干着，他就变得越来越茫然。

原来，森诺早已脱离了以前小规

模小作坊式的营业模式，转变为有实力的集团大公司。正所谓“兵马未动粮草先行”，随着森诺这支“大队伍”的不断壮大，财务资产部的基础工作量也变得越来越多。田冬旭发现，自己每天都很忙，却不知道自己到底忙些什么，看起来就像个“打杂的”。每天下班回家了，他也是一天一天重复“葛优躺”，浑浑噩噩地度过。

有一天，田冬旭看到有个好友发了一条朋友圈：原定今天只跑8公里，没想到超额完成，跑完了10公里！平时这朋友天天坚持跑步打卡，很有毅力。田冬旭发信息过去问他：“一跑就是10公里，你怎么做到的？”朋友很快回复：“很简单，你只需要做到这‘三部曲’：一、定个跑步目标，比如3公里；二、每天坚持；三、一段时间之后，再定个比原本目标高一点的目标。”

听完朋友这一席话，田冬旭醍醐灌顶：甭管是跑步还是工作，都可以套用这“三部曲”。他重新规划了自己的工作和生活：在公司，每天先明确目标，确定一天内该完成多少工作量。然后，在这些事情的基础上分清楚轻重缓急，先完成重的、急的工作，再去完成轻的、缓的工作。

在家里，制定一个学习计划，利用业余时间多看书充电，因为财务是个知识不断更新迭代的职业，一直原地踏步很快会被社会抛弃。最关键的是，这些定下的目标和计划每天都要坚持完成，避免“三天打鱼，两天晒网”。

这样过了一段时间之后，田冬旭发现自己再也没有茫然的感觉，工作效率也提高了很多。他参照朋友说的“三部曲”中的第三步，又制定了更高一层的工作目标和学习计划。

如此良性循环下来，小田的业务水平越来越高，工作也干得越来越顺手。

故事的哲理

很多事情，貌似很拼的背后，其实是一种无效的努力，一种“瞎忙”，这是因为目标不明确。但明确了目标不代表马上就能成功，因为还缺少重要的一环——坚持。优秀的人之所以优秀，往往源于他只做有目标的坚持。

（张珠容）

“用我的产品是你的需要，不是我的需要”

客户思维是最有效的营销

哲理的故事

2021年8月的一天，姜传胜带领一行参访者来到了森诺的免水冲马桶旁，他首先抽出了马桶的后盖，非常自然地抓起一把降解人体排泄物的支撑物闻了闻，确定没有异味，又给参访者闻闻。在场的参访者全被他这一举动惊到了。

而这是姜传胜这一年来的常态。他说：“我对自己的产品非常自信，全公司做营销，谁也干不过我。”森诺的免水冲马桶采用的是微生物降解的原理，把粪便分解成二氧化碳和水，从而达到免水冲的目的。

客户一开始是抱着试试看的态度装上一两台马桶先用，结果用过之后连连惊叹：“没想到真有这么好的产品，挑不出一点儿毛病！”

之后，姜传胜又向一位央企的处长推荐森诺的马桶，处长首先问，森诺跟胜利油田是什么关系？

姜传胜告诉他森诺仅仅只是胜利油田的改制企业。

“你们不属于央企的下属企业，那我们不方便支持你这个民营企业。”处长马上说道。

“用我的产品不只是我的需要，更是你的需要。乡村振兴的一项重要内容是解决农村环境问题，厕所革命首当其冲。央企帮扶乡村振兴每年都投钱，却没有适宜的技术和产品，建的所谓环保厕所由于没有下水系统，被农民当成了仓库，钱都打了水漂。我们开发这种免水冲环保厕所就是响应中央一号文件精神，研发出适应西部干旱缺水地区和北方寒冷地区的厕所，可以实现农民

卫生文明如厕的梦想。你们应用这种产品打造乡村振兴的亮点工程，这难道不是你的需要吗？”姜传胜不卑不亢地回应。

后来，那位处长被说服了，这家央企决定要以此打造亮点工程，为乡村振兴积累经验，做出表率。

姜传胜决定要向其他央企进行推介，通过乡村振兴帮扶行动让更多农民实现卫生文明如厕的梦想。

故事的哲理

《世界上最伟大的推销员》中说过：最优秀的推销员不仅要研究产品，而且还要研究顾客和顾客的需要。主动研究，有创造力地满足，并且足够自信，所以才会成为大赢家。

（任慧媛）

森诺为什么甘当"冤大头"

打攻坚战，应是强者的习惯

哲理的故事

"又来一个急活儿。"

"有多急？"

"47天！这还不是完成送审的时间，而是要拿到最终批复。"

"这么赶！这意味咱们的干活时间连一个月都没有啊！正常来说怎么着也得两个半月吧。这一定又是外面没有单位愿意接，找到咱们这儿来了。"

这是2021年2月1日，森诺安环咨询部的两名同事在办公室的一番对话。

不明情况的人听了一定会认为：森诺怎么这么倒霉，别人不要的都往这推。

在胜利油田还真有个惯例，急难险重的活儿一定会找森诺。在别人看来这是"捡到篮子里就是菜"的饥不择食，是甘当冤大头，但对于森诺来说，这是一次又一次的进步与提升。

只要不是超资质的，超能力范围的，超合理工期没有把握按质量交付的，其他只要是为甲方解决问题的项目，森诺一定会接。这次要解决的问题是某地下储气库的可研项目。

这是中国第一座含水层型地下储气库，而当前国内储气库数量一共也才27座，现有的资料非常稀缺，含水层型储气库环评报告更是空白。从国家能源局到中石化总部再到胜利石油管理局，都格外重视这个项目。

这正是森诺安环咨询部面临的挑战，但如果真能完成，则又填补了一项空白。打下地下储气库的可研基础和地位，便为以后承接这类项目打开了一扇大门。正是看到了这个项目的机遇所在，咨询部项目组答应承接。

虽然环评是个空白，大家都不熟悉，但公司积累了油气田项目多年的经验。安环咨询部副主任郭丽之前主持评审过地下储油库，道理应该是相通的。但问题的关键是时间太短。怎么完成这样一项并不熟悉的任务呢？

“倒排工期！一天一上报。”项目组讨论后一致决定，只有这样也必须这样才能在规定的时间内拿到批复。在批复日期雷打不动的基础上，往前倒数：哪天做监测，哪天做公示，哪天出报告的哪个章节，严格按照时间节点进行。

期间，项目组在做环评工作的同时还要和其他单位的设计工作协同，但设计单位也因为资料稀缺，对储气库专业不熟悉，所以设计方案反复调整。整个设计过程前前后后大改了3次，小改不计其数。环评部分也只能跟着不断推倒重来。为了不影响下一个节点进度，项目组只能加班加点，周末牺牲了，春节也泡汤了，没白没黑。

终于，在2月28日完成了项目送审，3月3日，项目顺利通过评审，3月10日上报，3月19日顺利拿到批复，与工期要求丝毫不差。由此，森诺一举突破了国内含水层型储气库零环评的记录，再一次填补了一项空白。

故事的哲理

任何事的价值，往往都不在于它本身，而在于它的影响。那些最艰巨、没人接的工作，恰恰最能锻炼和验证组织的硬实力。而啃硬骨头的最大成果，既不是肉也不是骨头，而是你自信自己有最好的钢牙。自信到能把攻坚当作习惯的组织，就是最强的组织。

（任慧媛）

下半夜里的“无声交接”

对每一个项目都认真投入，负责到底

哲理的故事

2020年，森诺承接下孤岛采油厂区域中心站规划项目之后，立即组建了以工程设计院副总工王艳为项目总技术负责人、由张世英为项目负责人的12人项目组。

由于时间紧、项目难度大，项目组成员煞费苦心，尤其是副总工王艳和项目负责人小张，她们因为这个项目还演绎了一出精彩的故事。

小张作为项目负责人，主要负责组织人员进行汇报PPT的编制。王艳作为项目总技术负责人，事事亲力亲为，重点一个一个去抓，细节一个一个去处理。比如，项目出现了某个问题，她就分析问题的源头，然后提出解决问题的办法；问题落到实处，需要与业主沟通时，她就站出来，耐心地与业主沟通。

该项目在正式汇报前，先在公司内部进行多次组织策划、内审。而每次内审过后，项目组都得进行PPT修改，耗时耗力。做正式汇报的前一天晚上，项目组整理了最后一次内审提出的审核意见，对汇报PPT进行最后一轮的修改。晚上快10点了，PPT里还剩余不少内容需要修改。张世英对项目组成员说：“剩余的修改工作，我再花些时间也就完成了，你们赶紧睡觉去，明天我们全体还得出发去孤岛采油厂汇报呢，别到时个个无精打采的！”她又对王艳说：“尤其是您，您是带队的，睡眠更应该充足！”在她的劝说下，王艳和项目组其他人都回寝室了。

小张一个人留在项目部，一直忙到下半夜2点多，终于全部修改完毕。随后，她摸黑离开了项目部。没想到，她前脚刚走，另一个人又摸黑来到了项目

部。原来，王艳估计小张要忙到下半夜，就回去定了闹钟补了眠，在凌晨3点左右起床来到项目部，对小张修改好的PPT进行最后一次的审查。在那个暗夜里，小张和王艳进行了一次“无声交接”，打造出了最终版也是最精细版的汇报PPT。

第二天，王艳带领项目组全部人员来到孤岛采油厂的311会议室，顺利通过了项目汇报，得到了采油厂领导的高度认可。

故事的哲理

“对每一个项目都认真投入，负责到底”是森诺一直秉承和践行的原则。而这份根植于每个人心中的价值观所形成的合力，就意味着品质。

(张珠容)

擒住那只“电老虎”

有效管理，就是从概念到数据

哲理的故事

2015年，油价持续下跌，国内油田特别是东部老油田，由于开采成本较高，出现了巨亏，不得不开源节流。尤其当时，油田开采了许多“无效油”，简言之，卖的油钱不够交电费的。擒住这只“电老虎”成了当务之急。

油田用电分为自备电和外购电，自备电除了供油田生产之外还要保证生活用电，所以油田生产用电量受到一定限制，当不够用时就需要外购电。但油田生产用电向来是由人工凭经验操作，管理粗放，没有人去算精细账。

“以往都是从技术角度节约，现

在能不能从经营管理的角度入手，减少无效投入和支出，把能源管控平台做起来？”森诺公司副总师董兴涛向胜利油田现河采油厂提出了他们的想法并决定一试。

万事开头难。能源管控平台最大的抓手是数据。但当时采集的大部分数据主要用于生产指挥，关于能耗的统计和分析并没有得到有效整合和应用，白白沉没了。

必须拿到数据！能源管控系统项目团队把整个试点管理区的油井、管线、站场用电数据，重新做了收集和计算分析。

通过能源管控平台将数据融合之后，一切变得更为直观，平衡发、供、购电之间的关系，指挥调度也更加有的放矢。根据外购电的时段不同，电价也不同，一天可以分出“尖峰平谷”四个区间，其中23时到次日7时属于“谷期”，每度电0.25元左右，是“尖期”的四分之一。利用“削峰填谷”把“一尖一谷”之间的差距，覆盖到全采油厂所有的油气生产和集输单元以及100多座高架罐上，每月可节省的电费支出相当可观。如果现河采油厂全厂应用上能管平台，则年节约电费可达4000万元以上。

真是不管不知道，一管吓一跳！之前不知白白浪费了多少电呢！

“电老虎”被擒住了，解决了胜利油田的一件大事。能源管控平台很快就从一个产量十几万吨的管理区推广到了百万吨的采油厂，然后又推广到了整个胜利油田，为油田年节电10%以上。最终将中石化所有油田全部覆盖。

而且随着平台建设的深入，能耗的管理面也越来越宽，除了电之外，水、天然气、光热等新能源也开始举一反三，进入到能源管控的系统，连锁反应就这样传导开来。能源管控平台1.0版本开始向2.0版本研发升级。

故事的哲理

GE前CEO杰克·韦尔奇曾对颇有些不服气的中国企业家说过：“是的，这些你们都知道。但是，只有我做到了。”成本管控的意义，合格的管理者都会知道，但只有优秀的管理者，才会通过把概念落实为数字，从而实践优秀的管理。

（任慧媛）

狂风暴雨下的“大会战”
“报复性效率”见高低

哲理的故事

2020年5月中旬时，宇尚公司的总经理王光磊既高兴又紧张。他高兴的是，终于获得入厂施工许可，可以开始孤东采油厂免水冲环保厕所的施工项目了；他紧张的是，施工时间仅有两个半月，项目能顺利完成吗？

为保证项目能在7月底如期完工，王光磊亲自“挂帅”，组织、协调森诺技术和宇尚两家公司所有资源，在孤东圈内、保护区里展开了为期两个半月的“孤东环保厕所施工大会战”。

7月的某天清晨，项目组成员早早就开工了。项目组当天需要完成六个注采站厕所的吊装就位，23个发酵罐的卸车和就位，以及0.5吨菌剂的卸车。为保证安全、高效地完成当天工作，王光磊将项目组成员分成两组，分别进行房体的吊装和发酵罐的卸车、就位。天气虽然闷热，可大家没停没歇，一直从早晨6点干到下午2点。随后，他们囫囵吃了几口包子，稍作休息，又继续奋斗。

夜间，时间已过22：00，项目组所有人员在探照灯的照射下，进行最后一套二蹲位厕所的吊装。只是，天公不作美，前几十秒还只是阴沉着脸，后几十秒就电闪雷鸣、风雨大作，让人毫无准备。此时，二蹲位厕所已距离地面3米多高，牵引绳受大风的影响，根本无法稳定厕所的方向。正在搬卸发酵罐的王光磊看到此景，急切地喊道：“风太大了，不能再吊了！快点放下，快、快！”吊装指挥也意识到继续往上将存在巨大风险，立即作出反应，指挥吊车人员和牵引人员落地、登梯、摘钩，将在风中摇

曳的二蹲位厕所快速放回地面。在十几分钟时间里，大雨浇透了每个人。

确认现场没有其他风险之后，王光磊示意所有人迅速到车内避雨。躲进车里之后他们才发现，因为个个都被淋成“落汤鸡”，你认不得我，我认不得你了！那一刻，车外风雨大作，车内谈笑风生，画面好不壮观！

就这样在火热的七月，项目组克服了现场条件恶劣、时间紧、任务重、手续多、沟通难度大等重重困难，在保证安全和质量的前提下，终于按时完成73套环保厕所的安装任务，打赢了这次“大会战”。

故事的哲理

疫情虽然导致社会按下了暂停键，但人们始终对疫后复苏抱以期待。而最终发生的，并不是所谓的“报复性消费”，而是“报复性效率”。暂停键下失去的，重启后必须抢回来。谁在这时把“报复性效率”做得更到位，谁就真正实现了疫情下的“因祸得福”。

（张珠容）

一种信仰，激发磅礴力量

关键时刻带头冲锋陷阵

哲理的故事

张锐不仅是森诺安环咨询部的一名咨询员，还是一名优秀的中国共产党党员。

2018年3月，安环咨询部迎来了自公司创立以来较大规模的人才流动。这直接导致西北项目被搁置。面对甲方对项目进度节点的严格要求，张锐站了出来：“我是党员，我来！”承接新疆探井项目，可谓临危受命。

带着领导的期望，怀揣着完成项目的使命，张锐只身一人，辗转3000公里抵达祖国边陲新疆，展开了艰难的工作。

因为孤身一人在外，张锐经常会把自己的动态以信息的形式告知远在几千公里之外的总部同事们。

虽然形单影只，但张锐充分发挥着党员的先锋模范作用。

张锐说，他远在新疆时夜晚总会点一盏灯，因为千里之外的森诺胜利大厦一直在为东营的夜增添着充满活力的光亮，他也想就着灯光，与同事们一起奋战！

故事的哲理

一面党旗，引领前行方向。基层党组织是党的全部工作和战斗力基础。

统一思想，真抓实干，把基层党建工作重点前移到生产一线，下沉到业务终端，构建科学化组织体系和数字化运营模式，党建的春风就会迎面扑来。

（张珠容）

由肌肉记忆的“工作习惯”

当努力变成下意识时，成功就是无意识的

哲理的故事

森诺工程设计院新能源中心电气工程师李帅龙，是个不善言谈的人。但他的妻子却把他的趣事看在了眼里，从而归纳出了李帅龙的多个“习惯动作”。

在胜利油田大力发展新能源光伏发电的起始年，李帅龙和他的团队几乎没有休过法定节假日和双休。十一假期，李帅龙在制图、修改、出图中度过，不仅自己干，还带着徒弟一起干。假期刚过，李帅龙就出差哈尔滨，紧接着又从哈尔滨飞到武汉，在两三天时间内感受了四季气温。李帅龙却不嫌冷不嫌热的，不管到哪个宾馆入住，也从来没有“不适应”一说，因为他出差一到宾馆就打开笔记本电脑开工，而工作并没有四季之分。

有一个周末，李帅龙难得不出门，说在家里加加班就好。妻子午觉睡醒一看，李帅龙早已不知去向。她发微信一问，李帅龙就发回一张办公室的照片，说：“我在这里，来看看徒弟。”另一天中午，妻子看到李帅龙在沙发上握着手机睡着了，就轻轻走过去，试图放下他的手机。没想到李帅龙张口突然说道：“别动！我这样拿着，群里发消息时我能感觉到振动，及时了解工作动态。”妻子一听，一阵心酸。她说，李帅龙工作时从来不会情绪化，也从来不会把自己的工作状态发到朋友圈，在旁边写写类似于“我也是挺拼的”的话。他觉得一切努力都是理所应当的。

李帅龙平时一有空就会给自己“充电”，学习很多知识。比如，罗振宇的演讲他就特别喜欢看。有一年跨年，李帅龙带着妻子去西餐厅吃饭，还带了笔记本电脑，因为当天有罗振

宇的跨年演讲，他不想错过。没想到，妻子听着听着就睡着了。事后，李帅龙不仅一句责怪也没有，还安装了一个听思维的APP给妻子：“从家到公司的路上，你要是每天都听一听，日积月累下来，会很有收获。”受他影响，妻子也利用起空闲时间多学习。于是，这两个人就跟赛跑似的，今天你考一个证，明天我过一个级，越学越多。妻子说，在碎片化的时间里，李帅龙早已把学习刻进了肌肉记忆里。

故事的哲理

平庸和杰出之所以泾渭分明，是因为平庸者的努力是不成系统的、走走停停的，杰出者的努力则是全身心投入、持续学习的。

当努力成为下意识时，成功就是无意识的。

（张珠容）

我和我的“铁人”媳妇

拥有家温的奋斗者，才是良性而可持续的奋斗者

哲理的故事

小郑上小学时，对文章《铁人王进喜》印象深刻，当时心里在想：这么伟大而又有奉献精神的楷模，自己这辈子肯定无缘沾边吧？没想到，长大后他居然圆了儿时的梦，直接娶了一个“铁人”媳妇——媳妇不仅姓王，还像王进喜一般忘我拼搏，是个工作狂！

小郑的这个媳妇，就是森诺工程设计院首席咨询师王素贞。2020年9月份，王素贞对小郑说：“老公，我最近可能要持续忙碌一阵子，那样到了国庆节，咱们可以好好休假！”小郑听了，心里还挺高兴：用现在的忙碌换取国庆

小长假的安宁，划算！于是，他主动承担起看娃、做家务等事情。

那一段时间的每天晚上，小郑和王素贞都分工明确——前者哄娃睡觉，后者埋头工作。小郑发现，妻子的“铁人”属性特别明显，每晚加班到凌晨两三点都是常态。他挺心疼妻子的，就在心里安慰自己：过了这个月就好，国庆她就能休假了。

转眼间，国庆到了。王素贞还算没食言，跟着小郑回婆家去了。可到家后的第三天，她开始鼓动丈夫：“要不咱回东营吧？我还有些工作要处理。甲方那边虽然没催，但我怕节后匆匆忙忙的，与他们交接时出现错漏。”见小郑有些不高兴，王素贞就说起了好话：“前段时间我有个同事还夸你来着，说你深明大义，还说你勤劳能干，带娃、家务全不在话下……”小郑一听，顿时啥气都没了。第二天，他们就驾车返回东营了。

整个10月份，小郑发现一个规律：他负责哄娃，妻子负责哄他。王素贞在这一周这么说：“忙完这一周就好了，下周我应该能稍微歇一歇，帮忙带带孩子。”可到了下一周，王素贞就赔着笑脸改口了：“老公，真是不好意思，天鹅湖项目工期太赶，这周可能还得加班。”或者是：“滨南规划现在到了关键期，我实在抽不开身，估计又要食言，不能陪你和孩子了。”这些话，说得小郑又生气又心疼。

11月份，小郑耳熟能详的“天鹅湖”和“滨南规划”进入收尾阶段，王素贞终于可以不用那么赶了。可小郑看到，妻子明显瘦了一圈，脸上也冒出很多痘痘。在王素贞宣布“我可以暂时回归正常作息”的那一天，小郑郑重其事地敬了个礼，说：“‘铁人’不容易，你这个‘女铁人’更不容易，我向你致敬！”

故事的哲理

一个组织建立真正有效的奋斗者文化，不仅要表现在凝聚员工忘我奋斗上，其实更需要表现为奋斗者家属的理解与支持上。

只有拥有家庭包容甚至和谐的奋斗者，才是一个良性而幸福的奋斗者，这样的奋斗者文化才是可持续的奋斗者文化。

（张珠容）

小身板，大能量

因为热爱，所以努力；因为热爱，所以坚持

哲理的故事

“天将降大任于斯人也，必先苦其心志，劳其筋骨，饿其体肤，空乏其身，行拂乱其所为……”只要项目一遇到难过的坎，森诺涪陵项目部工程师王红丽就会静下心来，读一读孟子经典《生于忧患，死于安乐》里的这几句话。

王红丽在大学校园时是一个实打实的学霸。不管是每天的课堂，还是早晚自习，她都牢牢把握，把点滴时间紧紧攥在自己手中。成绩优异是她努力的必然结果，所以每年的奖学金也会如期而至。曾是她大学的校园恋人、现在的丈夫小孙曾问她：“有必要这么拼吗？”王红丽庄重回答道：“我想通过努力过上自己想要的生活！”

毕业后，父母和男友都希望王红丽找一份轻松点的工作，当个教师、考个公务员什么的。可她毅然选择了挑战性更强的设计工作，于是辗转来到森诺设计院。

初进公司，她因为业务不熟导致工作效率不高，所以觉得压力山大。她也想过放弃，挣扎一番过后，嘴上就开始念叨孟子经典名句，然后又信心百倍地投身于工作。一次又一次，挫败感如影随形；一次又一次，她选择咬牙坚持；也是一次又一次之后，她获得了成功。

后来公司办公细化，王红丽选择了挑战性更高、前景更好的天然气室。面对全新的工作领域，她比之前更加努力，往往是白天工作一天，晚上一回家就打开电脑接着干。用过晚餐后，她会陪家人聊聊天，看会儿电视，然后很自觉地回到房间，与桌子、椅子、电脑长伴，与工作长伴。

作为王红丽的丈夫，小孙觉得自己能做的只有两点：少干扰，多关心。每隔一段时间，他就会倒杯热水给妻子，顺便陪她聊会儿天，让她休息片刻，做到劳逸结合。小孙坐在客厅时透过房门经常会看到这一幕：一个瘦弱的小身板端坐在电脑前，手指不停地敲打着键盘。这小身板时不时会陷入沉思，时不时又会兴奋地跳起来，然后坐下，继续敲打着键盘。

有一回，小孙忍不住问王红丽："你这小身板，真是有大能量啊。说说，是什么支撑着你这瘦弱身躯，让你拥有如此大的工作动力？"王红丽笑了："答案很简单，我热爱设计这份工作！"

故事的哲理

想把一件事做好，前提是：你要足够热爱这件事。因为热爱，你愿意付出十倍百倍的努力；因为热爱，你会执着地坚持，不管途中遇到多少困苦；也因为热爱，你最终会收获到自己想要的成果。

（张珠容）

西南有一座“桥头堡”

民企党建，就是要能改善经营

哲理的故事

2021年的一天，森诺西南市场一个项目的负责人张志超正在跟甲方进行重点项目汇报。本来他只需要负责项目实施过程的动态跟踪汇报，但他却把项目的前期决策评价和中期评估也一起汇报了，虽然前期和中期的汇报不如后期的详细，却成为了一个完整系统。

而在此之前，前期、中期、后期3个项目，需要由3个人单独汇报。这难免会有遗漏，无法做到无缝连接，并且汇报人会习惯性地认为，自己的任务就是把项目A汇报清楚，与B和C项目的关联只是锦上添花，不是那么有必要。

听完汇报之后，甲方有些出乎意料，因为这让他们对于项目的了解不再只是局限于项目本身，而是对该项目在整个大项目体系中的位置有了一个系统的认识。

在这其中起到关键作用的，大家决然想象不到：是看起来与之无关的“临时党员责任区”。

西南市场作为森诺的重点市场之一，出差频率大、出差人数多、涉及专业多、差旅时间长，平均每个人每年的累计出差天数都在100天以上，最多的可达270天以上。

这其中党员比例又比较高，常年在外没办法正常参加公司开展的党组织生活，于是公司就在人员长时间集中的成都成立了“临时党员责任区”，由在西南常驻的党员张志超带头，其他常驻党员轮流负责。

在森诺，由于党建和业务不分家，所以责任区在组织党建工作的同时也负责工作协同和业务协调。之前，同一

个项目组沟通比较密切，跨项目组的沟通交流则比较被动，没有真正融合，甚至各自为政，发挥不出公司的合力。在责任区的纽带作用下，组织每个项目进行协同办公。张志超负责的项目实施过程的动态跟踪与前期、中期项目的同事就是聚集在一个大会议室里协同奋战。各项目组从原来的见面只是点头之交，变成了自然亲密的互帮互助，对各自板块的项目彼此也都有所沟通和了解。

所以张志超跟甲方汇报起来才会非常清晰而完整，不仅提高了人均效率，也提升了甲方的体验感。党员临时责任区，被各项目组形象地称为他们的“桥头堡”，从原来的“一盘沙”形成了“一盘棋”的全局观。

故事的哲理

民营企业党建工作的独特价值，就是通过党组织的独特高度，用独特的办法来推动企业经营绩效的有效提升。党要指挥枪，也是因为党能帮助枪打更多的胜仗。

（任慧媛）

第六章
追求卓越

业绩靠实干
回报靠贡献

卓越的公司是由卓越的人组成的。卓有成效是卓越者的共同特点，业绩就是最好的证明。杜拉克大师说，卓有成效是一种习惯，来自于五方面的经常性训练：一是学会合理分配时间；二是专注于贡献；三是发挥自己的长处；四是锁定少数几个领域，争取优异表现；五是做出有效的决策。

你想挣钱吗

聚焦产品线，从“抓鱼”到“捕鱼”

哲理的故事

2020年8月，殷志强又增加一项分管职能，以外行的身份分管诺达公司。当时的诺达公司70多人，但产值连续多年无法突破3000万元，其中外部项目收入仅在2500万元左右，人均产出居于行业中下游。

第一次召集员工开会时，他上来就

严肃地问道："你们想多挣钱吗？看看咱们诺达的人均产值是多少？行业内人工成本占比是多少？在这种人均产值下我们的收入上升空间在哪里？都是做信息化，为什么阿里、腾讯的人均产值那么高？"一连串的问话，令在场的人无言以对。

"提高人均产值，可以通过提高个人效率，但能提高10%撑死了，这对你的薪资并没有根本性改善，而且你会很累；也可以提高组织效率，但能提高20%也撑死了，离行业头部的企业也差得太远。"殷志强接着说："想要做出根本性改变，就是把产品聚焦，把模块定型，把我们做的产品推销给别人，而不是像原来那样别人随时需要什么，我们就冲上去做技术劳工。"

听殷志强这么一说，在场的人都有共鸣。诺达做的是"咨询+软件"的定制服务，一直是根据企业的具体要求，设计软件系统提供服务。这样做虽然单个项目的附加值高，却无法满足更多的客户需求。产值的增加只能依赖一个项目一个项目的累加。开展业务也成了像"抓鱼"那样碰运气，碰到啥活干啥活，没有资格挑肥拣瘦。又因为市场零散，摊子越铺越大，无法做到聚焦。

鉴于此，殷志强跟诺达的经理层一块儿协商，把原来做项目变成做产品，形成了产品线的概念。整个诺达被归结为"7+1"条产品线，根据市场需求来定义和调整产品，把原来零散的项目终于变得聚焦起来。

之前是一个一个的"抓鱼"，如今成了一网一网的"捕鱼"，徘徊了太久的公司产值开始向上蹿升，仅仅一年的时间，诺达历史积累的产品就已经走出了中石化，进入了中海油、中石油、国家管网等市场。并且在能源管控、流程再造等领域逐步建立专家地位，不断吸引外部客户前来考察交流，市场的承揽量较以往也有了大幅提升。

故事的哲理

无独有偶，雷军在创业经验中曾谈到鼓动一个即将承接到8000万元电信项目的团队放弃承接，转向自主产品方向发展。因为从项目到产品，就意味着对于共性把握更精准，对于资源整合更高效。对于一个急需要上量的发展阶段，产品化是必经之路。

（任慧媛）

把每一个项目都当成新项目来做

创新，就是永远对个性好奇

哲理的故事

2014年，森诺第一次承揽了中石化西南油气分公司一个滚动开发新区钻采成本分析的项目。

“怎么样才能让造价与效益结合起来？造价又该如何与技术模式结合起来？”甲方明确提出了要求。

在甲方造价与效益结合、造价与

技术模式结合的要求下，时任首席咨询师李英和项目负责人段志刚通过“效益倒推”提出了效益开发的合理钻采成本及工艺改进的措施方向，为这一区块下一步的试采工程成本控制提供了重要依据。也由此，形成了森诺的新区成本分析类项目模式。

紧接着，基于上一个项目的成功经验，森诺又一次承揽了该公司的钻采成本分析项目。对于项目组来说，同类的项目，现成的模式，复制是首先要考虑的，但复制是不是就不用做针对性的工作了呢?

“作为公司方当然是想着又快又多地完成任务目标。那我们能不能借鉴上一个模式? 能! 但能借鉴的最多只是框架或基本方法，不代表可以生硬复制。”李英给刚想“躺平”的同事泼了一盆冷水。李英进一步跟项目组说道：“对于甲方来说，每一个项目都有其工作新目标。每一个项目都应该挖掘出特有的东西，然后有针对性地提出个性化优化方案。否则，都被模式固化了，创新又在哪里呢? ”

果然，经过分析发现，新项目是西南油气分公司的主要开发老区，而上一个项目是深层新区，技术模式上存在很大差异，分析井的数量也明显增加。所以，项目组不能也没有停留在原有经验上吃老本，而是把每一个项目都当成新项目来做，依据甲方的新要求，在成本结构分析、成本趋势、影响成本的技术、管理、定额、价格等因素分析上进行了项目的优化迭代。

最终，这个项目的成本变化控制因素及改进方式的分析及建议，甲方非常认可，并获得了甲方总部级研讨会的一等奖。之后，根据甲方专门提出的要求，李英在这两个项目的基础上把成本分析形成了系统课件，用于他们的内部培训。

故事的哲理

路径依赖，既是企业进入高效率运营的成果，但也是企业可持续发展的大敌。有效的创新，往往提升了效率。但单纯为了效率，又往往反而扼杀了创新。效率，解决的是共性问题。而创新，解决的是个性问题。持续保持对个性的好奇心，就是保住了创新的根苗。

(任慧媛)

六昼夜的“尾巴”比拼

将生活与工作相融合

哲理的故事

2021年，滨南采油厂的一项重要的规划项目，打算以“优中选优”的方式选择合作伙伴。市场部许主任得知此消息，为森诺工程设计院赢得了一次PK的机会。不过，留给森诺工程设计院做比赛方案的时间很短，只有六天。

怎么做，才能在六天之内抢做出一个战略高度与甲方规划项目相契合的方案？

森诺当机立断，首先成立了以胜利二区为主攻手、胜利一区和胜利三区倾情加盟的项目组，同时辅以水热气电控多专业人员，打算攥成一个“拳头”，打出一套漂亮的“组合拳”。

因为时间紧、任务重，项目组全体人员在那个周末自发地到公司加班，争分夺秒地策划方案。组员里有个即将结婚的小伙子，未婚妻陪着他加班，成了办公室一道亮丽的风景线；一个临产的孕妇，她的身后跟着一条“大尾巴”，那是丈夫不放心她来加班，就干脆跟着她来公司，陪伴左右，方便照顾；另一个组员是一个年轻妈妈，她更厉害，身后跟着一条“小尾巴”和一条“大尾巴”——宝宝和奶爸；还有一个组员，她的孩子生病没人照顾，可她还是坚持来了，说：“放心，我部门里的一个同事帮我带着呢，能克服！”其他的组员，也都是牺牲周末的休息时间来到现场，只为出一份力、尽一份心，为方案策划添砖加瓦。

组里的几个年轻员工见特殊员工多，就主动承担累活、细活，负责10个管理区的联系，收集来方方面面的资料。

项目组经过六昼夜的科学筹划和积极备战，终于在比选会前完成了方案规划。方案比选会那天，滨南采油厂邀请了局发展规划部领导以及采油厂财务计划、技术管理、集输、信息中心、生产管理、安全、科技等相关运营科室人员作为方案评委，并采用无记名投票的方式对参赛方案进行投票。最终，森诺公司获得了13位评委的认可，赢了本次方案比选。

一位地面工程专家是这样评价的：“森诺公司的规划方案资料详实、分析深入，还在短时间内梳理出来了单项，很难得！”局发展规划部领导也说：“森诺公司的方案符合东部油田老区大地面提质增效规划的要求，符合优化简化、区域统筹的原则。”

听到这些肯定的话语，项目组所有成员都兴奋不已。对于滨南采油厂的项目，他们志在必得。

故事的哲理

在一个充满不确定性的时代，按部就班地工作，虽理所当然却已然不现实。应对事业不确定对生活影响进而影响事业的方式，就是打破生活与工作的界限，实现场景与心态上的融合。

（张珠容）

该不该走“回头路”

到设计院去，到员工最需要的地方去

哲理的故事

2014年底的油价断崖式下滑，对整个油气行业产生了长达3年以上的持续影响，投资强度持续降低，经营形势日趋严峻。2016年，森诺在改制后第一次没有完成生产经营指标任务，作为公司最大部门的工程设计院形势尤为严峻。2017年，森诺设计院第一次出现了人员流失率超过10%的情况……

2018年初，因为身体和压力原因，时任设计院院长因病需要长期休假。董事长姜传胜找到时任运营管理部主任的殷志强谈话，由于他之前做过森诺工程设计院院长，所以想让他先代理一段时间的院长工作。

代理了两个月之后，殷志强就跟董事长和总经理提出，自己还是想真正“回”设计院。他觉得运营管理岗能胜任的人很多，但是设计院那边可能更需要他。总经理听后极力劝阻：职场之路应该节节高才对，一般是不走回头路的，不管前面干得多好，一旦回到原岗位没有优秀的业绩，也就没有了再次晋升的理由。并且语重心长地帮殷志强规划了他的职业道路。

经过慎重考虑，殷志强坚持要回到设计院，并给出了两位领导几个理由。

一是，公司2015年推荐他上了油田青年干部培训班，更多地接触了业务上的人脉，但是上完培训班就直接转到了行政管理岗位，很多业务上的资源没有发挥出来。

二是，他从一来森诺就是在工程设计部门，对设计院一直很有感情，设计院同事对他的认可度也比较高。所以想尝试一下把队伍盘活，带领设计院走出困局。

三是，至于领导担心回去一旦干不好怎么办……其实考察一个人不能光考察顺境，能不能应对逆境更为关键，他有这个信心。

说完之后，两位领导还是没有表态，殷志强便跟两位开了个玩笑：如果回去干好了，那公司以后用我的时候，谁也说不出闲话来。如果干不好，说明我只能打顺风仗，应对逆境的能力不足，规避了公司更大层面的损失。都说到这份儿上了，两位领导也就笑着答应了，但只给了他两年时间。

于是，殷志强毅然走上了那段“回头路”。果然，他的回归对于设计院全体人员的士气有了非常明显的提振，通过一系列内外部举措，设计院慢慢找回了节奏，当年就完成了1个亿的“小目标”。

2020年，殷志强也被连续提拔，成为公司新任总经理。

故事的哲理

每个人的特长和能力不同，伴随着外部和内部的调整变化，让合适的人去从事合适的岗位，是管理者的一个核心能力体现。

（任慧媛）

“这个项目，接，还是不接？”

不想混，就逼出去

哲理的故事

2020年3月份的一天，森诺规划咨询部全体人员都在讨论一个问题：这个项目，接还是不接？

原来，公司预备分派给他们一根“难啃的骨头”——中石化天然气分公司参股江西天然气集团的可行性研究项目。该项目与规划咨询部以往做过的合资合作项目不同，最大的技术难点在于两个方面：一是投资巨大，参股金额超过20亿元；二是涉及资金没有明确的投资目标。

对于是否承接这个项目，规划咨询部的成员展开了激烈讨论。他们有的说："现在我们每一个人手上都有很多项目，负荷已经很重了，没必要再承接这么大的项目。"有的说："咱们从来没做过股权收购这方面的项目，公司也没有做过此类型项目的经验，接了要怎么做？做不好怎么办？"有的人说："我倒觉得可以接手，借此打开全新的业务市场。"接与不接，都很为难。接，没有项目经验；不接，失去开拓新市场的机会。

公司首席高级专家张松听完大家的讨论，又与规划咨询部主任宋少君经过细致的沟通，然后分析道："这是一个我们从没有做过的项目，难度确实很大。但我的看法是，没有经验咱们可以找有经验的人帮忙；一个人的力量不够，咱们就全部人一起上。这是一个能突破自我、突破业务壁垒的大好机会，如果我们不能抓住机遇迎难而上，就永远不会创造奇迹！"

张松这一席话，说得大家热血沸腾，也打消了大家的重重顾虑。随后，部门成立了以王亚鹏为项目负责人的项目组。王亚鹏积极与甲方进行沟通，收集、整理来参股目标公司的基础资料。资料里从各年度审计报告到财务尽职调查报告，再到律师尽职调查报告，每一份报告少则100多页，多则300多页，里面包含许多晦涩难懂的专业词语和海量的基础数据。面对堆积如山的资料，项目组成员从中挖掘出有用的内容，进行整理、分析和统计。时间不够，他们就牺牲个人休息时间加班加点；股权收购咨询报告编写经验欠缺，他们就通过外询专家、内询网络、集体讨论等方式弥补。

经过项目组一段时间的不懈努力，这份可行性研究报告终于完成了初稿编制，并得到了甲方的认可。这一个项目做下来，规划咨询部不仅积累了参股类咨询项目的宝贵经验，还为业务的拓展打开了一扇巨窗。

故事的哲理：

开拓？还是守成？这是一个问题，一个组织是想发展，还是想混的核心问题。至于开拓中所需要的缺口资源，本就是在情境下逼出来的——诚如已然具有的大部分资源。

（张珠容）

定边的饭菜为什么这么可口

青春之“香”，贵在充实

哲理的故事

姜晓健到森诺已经11年了，如今虽在人力资源部就职，却一直忘不掉那一年在陕北定边工作时的情景。

2011年深秋的一天，姜晓健接到任务，去延长油田开展一项油藏精细描述及剩余油挖潜研究项目，这是公司第一次承接延长市场的项目。接到任务后，他和同事隋汝科、李明全立刻收拾好行囊，赶赴陕北定边。彼时，姜晓健内心既忐忑又期待。他忐忑的是，第一次外出，一切都是那样陌生；他期待的是，想好好干一把，做出一番小成就来。

作为延长油田最大的采油厂，定边采油厂研究区面积大、井数多、资料管理不齐全，且客户方对于项目开展方向和研究目标并不明确。另外，由于双方是初次合作，信任度不够，配合度不高，所以初期的研究工作进展得十分缓慢。

姜晓健他们三人，经过缜密思考，针对采油厂开发管理现状以及油藏特征情况，大胆提出一个全新而独特的工作思路。这一方案的提出，受到采油厂厂长的重视，马上安排相关部门全力配合。凡事自上而下，就顺利了很多。姜晓健等人兴奋不已："都说万事开头难，现在，最难的第一关总算通过了！"

随后，项目组的研究工作全面铺开。地层对比、深度矫正、构造图、沉积相，这些工作对项目组而言都不在话下，因为他们的专业水准摆在那里。

令他们感到最棘手的，是井的数量太多了。刚开始，他们每天工作13个小时，周末不休息，可依然难以赶上项目进度。为了提高工作效率，他们在对比方法、层位统计、数据整理等环节做了多种优化方案，总结出不少小窍门。终于，项目组的工作效率得到明显提高，由原来的每天30口井提高至每天50口井以上。另外，剩余油潜力分析也是项目的重中之重。项目组里唯一一位油藏开发人员隋汝科使出了浑身解数，不断摸索、学习新技巧，独自完成了整个工区的剩余油研究和开发部署方案的编制。项目组这种认真、负责、敬业的工作态度彻底打动了客户方，曾对他们存有偏见的一位生产科科长都忍不住赞叹："你们确实很专业！"

通过三个多月的闭关研究，项目组终于圆满完成任务，获得了甲方的高度认可。客户方当即又委托了另外3个项目给他们，说："你们的服务，值得我们信赖！"

姜晓健说，那时在定边，令项目组成员感到最开心的事儿，居然是吃饭！他们总是一边吃一边忍不住问："定边的饭菜为什么这么可口？"现在回顾过去，他想明白了：那一段真是敢拼敢闯，身体透支而精神充实，自然吃什么饭菜都是香的！

故事的哲理

"恰同学少年，风华正茂，书生意气，挥斥方遒。"一代伟人毛泽东曾用激情飞扬的诗句诠释青春的内涵。确实，青春因奋斗而精彩！选择"躺平"，远不如选择"吃得香"活得过瘾！

（张珠容）

谁说发烧了就一定是感冒

做听见炮声的行业领导者

哲理的故事

2012年，胜利油田将一项注水站离心注水系统改造项目的可研报告编写委托给了某大型设计单位，结果报告没有通过审批。油田便又转手将这块“硬骨头”交给了森诺。

“我们需要分压点的详细论证过程！”对方上来就提出了明确要求。

为什么前面单位没有将这块“硬骨头”啃下来？原来，这个项目的关键是分压点的确定，前面单位只是依据工程经验“按部就班”地人为假定了分压点，至于为什么定这个点，没有实际项目的论证计算与分析，也说不出原理。

“这就好比，一开始发烧，人们往往会根据经验判断是感冒。但是如果总发烧，就不一定是感冒了，需要去医院化验。”项目负责人刘辉做了一个非常形象的比喻。

所以胜利油田方面开始对人为假定的分压点产生置疑。

虽然森诺设计院在中小型注水站可研报告编写项目上的业务量已非常饱满，但在承接大型离心注水泵站项目方面，仍旧有待突破，这次正好是个机会。

“到现场去！现场‘化验’得出的数据总比人为拍脑袋拍出的数据要准确吧。”刘辉心想。于是，他将注水系统站外管网包括站外4条注水干线、20条注水支干线、25座配水间、150口水井的设施参数及生产参数一一核实清楚。然后将文字整理成表格，形成特性曲线图，计算出数值。之后再通过现场反算，数值分毫不差，这才是完整的分压论证过程。

经过资料汇总、前期编制，以及公司内部的数次审查，反复修改，注水站离心注水系统改造项目可研报告最终成稿，并在2014年通过了评审，其中分压论证被称为是报告的精华所在。

从此，分压论证有了成体系的新方法，整个胜利油田同类型项目都有了参照，包括之前的大型设计院也开始学习森诺的新方法。森诺人再一次用实力为行业贡献了智慧与力量，成为行业的领导者。

故事的哲理

乔布斯说过，领导者和追随者最大的区别在于创新。追随者满足于维持现状的安全，他们认为变化既可怕又麻烦。领导者则在变革中看到机遇的最大化。想要不断改进，机会就在现场！

（任慧媛）

一箱整齐的光盘

细节彰显品牌

哲理的故事

2019年，西北油田分公司委托森诺公司做一项后评价项目，涵盖2011年到2017年的48个子项目，尤其“十二五”期间的项目，时间跨度长、资料涉及油藏、钻采、地面、安全、环境等专业，种类繁多、数量巨大。一时间，项目组人员不知从何下手。

组员们经过一番讨论，觉得应该先解决资料的来源，再一步一步理清头绪，方能完成后续的工作。于是，他们来到西北油田分公司的档案管理中心，请求借阅与此次项目相关的档案资料。档案管理中心的负责人任工立刻安排人手，很快就将一摞光盘整理出来，交给了项目组。之后，任工就没将这件事儿放在心上。

一段时间之后，项目顺利完工，项目组好几个成员抬了一个大箱子到西北油田分公司的档案管理中心，说要归还此前借阅的资料。任工打开箱子一看，顿时惊呆了。只见光盘不仅被整理得整整齐齐，每个光盘面上还多了一张标签，标签上备注了时间、资料名称等关键信息。

任工忍不住夸奖道："大部分人借阅完都是随意放置过来，由我们负责整理。按理说，你们归还时也只要确认光盘与原来是否一致就行。可你们却主动为我们着想，用心地将光盘分类、排序，这大大减轻了我们的工作量，真是谢谢了。"

项目组负责人连忙接话："您这边提供的390套光盘、2658件存档文件为我们开展后评价工作提供了重要依据，应该是我们感谢您才对！再说了，我们是借东西的这一方，哪有一用完就把乱糟糟的东西归还给主人的？肯定要整一整才敢还过来。"

任工不禁向项目组竖起大拇指："我从事档案工作这么多年，还从来没有见到过像你们这样高素质的公司。以后只要有需要，欢迎你们随时来借阅资料！"

故事的哲理

做品牌就是做口碑。口碑出自品质。而品质，往往出自细节。因为，细节彰显习惯。而一个组织的品牌，总是靠组织成员化于无形的良好习惯来支撑的。

（张珠容）

新区“泄密事件”

“合理化”源自前期的扎实与认真

哲理的故事

“请你们如实告诉我，新区的建筑规划面积、容积率指标等数据都是从哪里得到的？要知道，国家公布新区项目还不到100天，这些数据涉及国家的秘密项目，目前还处于保密状态！”2017年7月5日，在北京中国城市规划设计研究院五楼召开的某新区审查会议上，一位中规院的专家发出此问。顿时，会议室内鸦雀无声，气氛显得格外紧张，多位国内知名专家紧紧盯着森诺公司的地热规划项目团队。

“尊敬的各位专家，请允许我们对这些数据的出处作出说明。”森诺地热规划团队负责人钱猛站起来，不慌不忙地说。接着，他把时间轴拉回到4年前，从那时候开始讲起：

“早在2013年，森诺公司就开始承接该地区的地热项目，对当地的地热资源情况非常熟悉。之后公司还花了一年多时间，专门做了该新区地热相关的课题研究。也就是说，在正式接手新区地热规划项目之前，森诺已经做了很多积累。

“接到项目之后，我们手上没有新区规划图，于是决定：自己建模型，先规划出大致面积的新区，再在此基础上进行地热规划。尤其是容积率指标，它和地热资源承载力密切相关，是我们地热规划时最为关注的信息。我们由地下资源承载力推断出，地面的容积率必须得限制在1.5这个数据内才能完全由地热进行供暖；一旦地面的容积率超出1.5就需要辅以其他能源供暖。另外，我们也大致考虑到了该新区未来大概率不会是高楼大厦的建筑风格，而会以中国传统风格建筑为主，所以推断得出容积率应该不会太高，于是得到了一个比较精准的数据。

“总结来说就是，我们所建立新区模型的一些地方，与新区的真实规划方案不谋而合了。”

听钱猛说完，中规院的专家点了点头，笑着说：“当我看到你们提供的数据时，以为是我们团队出了问题，有人泄密了。没想到，这些数据是你们精心打磨出来的！这样我就放心了。接下来，我们继续讨论方案。”

现场的紧张气氛一下子缓和了。会议继续进行。

故事的哲理

“幸福的家庭大多是相似的”，最合理的方案，也往往殊途同归。而合理化，并非出自灵感与智商，往往是源于扎实与认真。

(张珠容)

“市长质量奖”是怎么拼到手的

有了荣誉感，才会有荣誉

哲理的故事

2019年9月，“第五届东营市市长质量奖”申报工作开始了。东营区市场监督管理局力荐森诺科技有限公司参与评审。从上百家企业中只选出四家获奖企业，竞争十分激烈。

森诺第一次参评，没有经验。公司决定让运营管理部接手组织筹备工作。事关森诺的荣誉，大家都很激动：森诺能评选上“市长质量奖”吗？

“重在参与。”董事长姜传胜的沉稳和宽和，给了下属自信与勇气。运营管理部主任崔春永牵头，组织多部门参与的临时编制工作组迅速成立起来。一周之内便完成了质量奖申报材料的准备工作，并按时提交了各项材料。

没想到，两个月之后，好消息就来了——东营市市场监督管理局发出通知：森诺成功入选市长质量奖初选企业行列，近期将接受专家组的上门评审。

森诺上下员工都很兴奋，公司也迅速成立了以吴风柱总经理为领头人的迎检小组，为检查汇报做足多项准备工作。其中，PPT汇报材料的编制尤为关键。崔春永组织迎检小组成员，明确分工，各自做不同的章节内容，做好后先自己把关，再相互交叉审查。

综合管理岗的魏琳正和信息化管理岗的李志媛在电脑前沟通，把好录入关，反复核对每个数据；体系管理岗专员曹刚把公司质量管理体系内容和检查要求条目一一对应，方便大家对比查找；质量评价师徐曙光负责咨询质量内容的编制，他结合审查要求，把公司近3年积累的质量结果重新梳理了一遍；崔春永主任则负责汇总审核，还做了近200张PPT片子的审查工作。那几天，办公室的灯到下班了也没关，因为迎检小组的组员都自发地留在里面加班。崔主任给大家定了饺子当晚餐。大家一边吃着饺子一边对PPT进行一轮又一轮的细节讨论。这样过了一晚又一晚，PPT汇报材料越改越精细，最后终于定稿。最终，吴风柱总经理带领迎检小组精心打磨的评审材料获得了评审专家组的一致认可。次年3月，东营市人民政府正式公布“第五届东营市市长质量奖”获奖名单，森诺成为4个上榜单位之一，且是唯一的服务业单位！

拿到这个奖项之后，吴风柱总经理对运营管理部所有员工说：“虽然我们这次认真充分地准备了评审材料，但如果没有全公司上下员工日常高质量工作的积累，就无法在短时间内完成资料上报，森诺也就无法在此次评审中脱颖而出！”

故事的哲理

荣誉感，而非实力，是一个团队战斗力的前提。因为，有了荣誉感，实力才会发挥作用。而有了荣誉感加持的实力，最终收获荣誉，也就是实至名归。

（张珠容）

顺北“监狱”里生下的“孩子”

让“大象”转个身

哲理的故事

2017年9月，新疆阿克苏沙雅县盖孜库木乡塔南的一间铁皮板房里，森诺的诺达公司项目组成员在做着一份PPT。单这几页，已经做了三天了。刚刚又被一个专业词语卡住了，不知该怎么表达，只好现查资料。熬红了眼的几个大男人发出啧啧感慨：“做这个方案的难度堪比让男人生出孩子，从无到有，就是硬造也得造出来。”

在此之前，中石化西北油田发现了顺北油气田，并成为中石化的上产主阵地。这本是好事一桩，但是一个问题也摆在了面前——由于原来油田的传统模式效率太低，西北油田局要求新油田开启新模式，保证用最少的人创造最大的效益。

“多快好省”成了刚性原则。一来，西北局不想养那么多人导致机构臃肿低效。二来，想快速上产，一时也招不来那么多合适的人，从头培养又根本不现实。顺北油田一共就十几个管理人员，这的确是“最少的人”，但是什么样的模式才能实现最大效益呢？技术和安全问题该如何处理？顺北的路该怎么走呢？西北油田的领导迫切需要打造一个“顺北模式”，同时将寄予强烈希望的目光投向了长期合作伙伴–森诺公司，希望森诺成为顺北模式研究的“外脑”。

接到任务后，森诺管理咨询首席专家李子军、首席咨询师乔鹏飞带领着课题项目组和企管支撑团队第一时间进驻了顺北油气项目部，深入了解客户需求，开始了顺北运营模式和规划研究课题。顺北项目部驻地，几间铁皮房子，一条砂石路面，四面全是戈壁滩。春天沙尘暴，出门一嘴土；夏天蚊虫满屋，天热得不开空调根本待不住，却又经常停水停电；冬天一片荒芜，晚上冻得睡不着。由于没有地方可以去，每天就是工作、吃饭、睡觉，到乡里小卖部买个东西就像是进了一趟大城市一样。

“这简直就是在‘蹲监狱’啊！”项目组发出了感叹。

不过，外部环境的恶劣尚且能克服，最难的还是课题本身。新的模式对于几十年不变的大国企油田传统模式是一个挑战，就好比让大象转个身，慢且艰巨。这就好比一个运输队，既然不能养车养人，那就只剩下租车雇人。在技术外协这一块，项目组考虑借助老油田的技术力量补充新油田的薄弱。在石油系统内进行外包！这很快达成了一致，但是光外包了，又该怎么管理呢？价格怎么体现？怎么核定？怎么奖惩激励？怎么定准入条件？等等，当时在国内体制下尚且没有案例可参考。

一张白纸怎么画，考验着项目组的规划水平。

森诺项目组借鉴国外先进油公司管理模式，在参考西北油田其他采油厂的经验基础上，结合顺北油田特殊环境进行了本土化的构建与规划，制定了“一体两翼三位一体四化联动”的运营模式，大力推行非核心管理和支撑服务外包，以及采油区块生产项目化运行。经过不断磨合修正和调整，促使越来越多的服务队伍来到了顺北这片热土上，采油生产承包商解决了，技术服务支撑队伍也解决了。

江苏油田作为技术外协成了第一支技术支撑团队，接着安全服务外协得到辽河油田的响应，派出了安全支撑团队，其他还有信息化支撑、财务经营支撑、党建支撑等也一一从规划走向落地实施。从体制构建，到人员引进，再到相关机制配套，从零做起，生生构建出一个单位，谈何容易！

经过一年多的时间，森诺课题项目组和企管支撑团队愣是帮助把顺北的组织机构给架起来了，并协助补齐了急缺的人才，快速支撑了顺北油田的生产运营。最终用15人的内部员工队伍、几十人的外协团队和两家采油服务承包商支撑起了100多万吨的原油年产量，诞生了“顺北模式”。等于是只用了东部油田一个采油厂十分之一的用工，却达到了同等的产量。人均创效、人均产值国内领先，“顺北模式”获得了中石化集团管理创新一等奖。

课题结项之时，顺北油田领导对森诺项目组依依不舍，说什么也得让他们“骑上马再送一程”，帮助把顺北的管理模式继续完善，协助查漏补缺，补齐短板。于是，大家作为管理“参谋”在“监狱”里面又继续蹲了一年。

项目结束，项目组回来后谈感想，一致都觉得这“监狱”蹲得很值得：虽然很苦很累，但是我们在国家最前沿的石油热土上，真正践行了“只有荒凉的沙漠、没有荒凉的人生”这句朴实无华，但又真真切切的誓言，做了一件体现自己价值并能铭记一辈子的事情，以后可以拿出来很自豪地“吹吹牛”。

故事的哲理

环境恶劣艰苦，课题难度空前，参与者却反倒为之感到骄傲。所谓“意义是新的货币。”对于员工而言，工作不仅是一份获得收入的来源，他们更多希望能够在工作中获得成就感，收获工作的意义。

（朴一）

13天完成一年的活儿
森诺发展中的一次“锦州战役”

哲理的故事

2020年2月26日，胜利油田大地面业务规划被首次提出之后开始启动，森诺公司作为唯一一家设计单位参与编制任务。但为了要赶汇报节点，要拿出规划大纲，对方只给了森诺13天的时间。

要知道，整个胜利油田老区有数万口井，100多个综合站，上万公里管线，信息量巨大……光是信息收集，都得需要1年时间啊！

接到大地面业务规划的任务时，森诺董事长姜传胜还大胆设想出了“区域整合”的大方向，意在打破固有的厂界和行政壁垒。可说说容易，这是说打破就能打破的吗？

如果规划理念不被认同，项目将难以获得支持的。

项目组顿觉头上压着两座大山。但姜传胜首先考虑的并不是这些。干什么事没有困难呢？别说两座大山了，12座大山也很正常，但一定要看到干这件事情的意义是什么。

经过60年开发建设，胜利油田老区初期滚动开发建设的地面系统，在开发后期暴露出系统庞大、效率低等问题。如果能打破以往惯性思维，成功谋划整合了大地面，就等于是给胜利油田做了一个顶层设计——那森诺的品牌，能就此一炮打响！意义何其重大！

这就好比当年打赢辽沈战役对于解放全国的战略意义，以及党中央决定攻打锦州，对于整个辽沈战役和东北解放的战略意义。风险当然很大，困难固然很多，但是一旦实现，它

的战略意义更大！

所以，姜传胜很有魄力地甩下一句话：不管任何困难都要干。

虽然新的信息不好收集到，但对自己的家底儿应该很清楚才对。森诺从咨询项目做起，到后来争取到的胜利油田大小施工项目，在这些积累和铺垫的基础上，对胜利油田的地面系统不说了如指掌，也能如数家珍了，所以还是掌握着一定的信息资料的。再加上，之前在对大庆油田和长庆油田调研过程中，森诺也收集了先进经验。即便采油厂不配合，即便原有的信息中会有数据偏差，但这看起来至少一年才能干完的活儿，其实并不影响整体大纲的13天搭建。

一时间，设计院团队就像东北野战军一样心中有了底，将项目以天计的进度开始向前推进。各专业骨干分组完成分项内容，并穿插对规划大纲进行多场讨论，搭建出框架。其中，在姜传胜“区域整合”的方向提出后，公司副总经理裴红带领项目团队首次设计出了“区域中心站模式”，一呼一应，方向得到落地。

这个新模式打破了已有的地面系统建设理念。成为业务规划中最大的亮点。

时任设计院院长的殷志强提出一横一纵的理念，从目标方向角度出谋划策、创新提出”四个一”的发展目标，总工尤晓卉从工艺优化角度提出区域中心站的模式要点，技术副院长张晓云全盘执笔报告，公司首席专家李子军润色文字，设计院各专业副总工赵玉红、王凯、刘辉等数十位人员完成分项内容，十几天的时间里团队成员们带着口罩对规划大纲进行了多场激烈讨论，集体碰撞出的火花突破了以往规划编写的模式，成果让人眼前一亮。

经过了数十版规划大纲的修改之后，最终在第13天时，项目团队“果然”交出了大地面规划报告。油田管理局高层给他们点了个大大的赞，并明确今后三年各单项工程按照报告中的模式进行规划。新年伊始，森诺“强攻锦州”，首战告捷！

故事的哲理

干什么事，困难固然是存在的，但是决策的标准，一定要服从于价值意义。带头人的战略眼光和战略判断力，是解决困难的重要驱动力。战略动力有了，执行潜力往往是无限的！

（任慧媛）

"独孤求败"的5.2

有了目的性，才会实现有效性

哲理的故事

在森诺规划咨询部，有个叫宋少君的人，一直"独孤求败"。因为他在2018年创下的业务岗5.2的工作系数（数量和质量双重考核的一种工作标准）纪录，至今无人打破。他很希望被超越。

5.2是什么概念？意味着他平均每年可以完成20个以上项目，而普通员工一般一年只能完成两三个项目，或者只是配合做项目——他一个月相当于完成了别人一年的工作量。

但这并不是单纯求快，更意味着品质。只有客户的认可度和回头率越高，接到的项目才能越来越多。

2015年6月，宋少君接到了一个非安装设备购置的项目。按照惯例，一般是先等着甲方给资料，之后再着手编制。宋少君却拿起电话给甲方拨了过去，他想先了解对方的需求。由于平时宋少君对油田高层领导也就是甲方领导的讲话比较关注且敏感，善于捕捉其中意图，所以很快就了解并意会了甲方需求。“那我把我需要的资料清单列出来发您，您只需要照单提供原始素材就行，总结提炼由我们来做。”说完宋少君放下了电话，用最快的速度把资料清单列出来发了过去。

甲方准备资料的过程中，宋少君也没坐着喝茶，而是同步先用虚拟数据把模型提前建出来，只等拿到真实数据一替换，就又提前完成了一步。

通过这类工作，宋少君总结出来一个心得：甲方给的资料越准确，总结提炼要点也就越快速，工作当然也就越高效。因为甲方按照清单提供的资料会很有针对性，避免了资料给了一大堆，花精力整理后却发现不是自己想要的或者思路发散。而为此，把看起来很务虚的高层沟通前置，就是很有效的办法。

打过几次交道之后，宋少君几乎成了甲方每次“钦点”的合作对象，一致评价他：又快又好又省心。宋少君说：“要想高效不返工，就一定要善于抓住关键点，好钢用在刀刃上，功夫不能用偏。”

如今，宋少君已经从业务岗转到管理岗，发挥起“传帮带”的作用，帮助更多人工作高效起来。相信，5.2的纪录很快就会被打破。那将是比创造5.2更高的成就。

故事的哲理

“现代管理学之父”彼得·杜拉克总结过一个极为重要的管理原则：“做正确的事，而非正确地做事”。在有限时间内做正确的事，是提高工作效能的关键。而一件事正确与否，并不是孤立的，目的性及其次序，往往是更为重要的。

（丰一）

钱猛“赶鸭子上架”

管理即借力

哲理的故事

2012年，房地产兴盛，森诺董事长姜传胜看到了地热供暖的发展趋势，并了解到中石化要搞一个80万平方米的地热供暖项目。于是他在众多竞争中争取了一个机会：为中石化地热供暖项目编制可研报告。

其实当时森诺连与地热供暖相关的部门都还没有设立，怎么干，谁来干，一无所知。但姜传胜坚信，大趋势当前，没有理由不涉足进去。没有条件可以创造条件，但机不可失。

这事儿就落到学热能专业刚毕业一年的钱猛头上。虽然在专业逻辑上没有问题，但其实他当时对于地热供暖的了解也仅限于地热，不包括地热供暖。

但他很想尝试，不会就学，总得有从0到1的突破。但等他查了一圈儿资料和文献，才发现大量篇幅都在讲地热洗浴，这和地热供暖根本不沾边儿，前者只是取水，后者则是从水中取热，难度不是一个量级。缺少资料，但还得继续了解，这个时候他想到了公司的资源，

“中石化在陕西咸阳不是有地热供暖站吗？实地考察比翻书更有收获。”钱猛想到了对接资源，之后背起行李就去了咸阳。

经过实地考察，流程是看懂了，但还需要具体的技术匹配，依然不知道怎么着手。于是，钱猛又找到胜利油田退休的热力专家，经验丰富的老专家像是智囊团一样给他提建议、出主意。肚子里有了积累之后，写出来才够深刻。

报告写完提交之后，一举通过了中石化总部的评审与审批。通过这件事让钱猛意识到：干什么事，开头都很难，但是如果正儿八经地扎进去，并懂得利用现有资源，一边吸取一边提升，就会变得越来越专业。

他非常认同董事长姜传胜说的：“不怕竞争，就怕别人不给我们机会竞争。抓住一点小机会，哪怕塞进一只手、踩进一只脚也要踏进这个门里。只要让我们进去了就不怕后面做不出成绩。”

涉足地热可研项目之后，2014年，森诺开始增设地热设计业务。2017年，在雄安地热专项课题研究和专项规划中，森诺地热被选拔为顶尖技术单位与中石化一起合作完成。从不专业到专业再到行业顶尖，扎根越来越深。如今，地热已经成为森诺非常闪亮的一张名片。

故事的哲理

海尔集团CEO曾在企业创业30年时，对企业管理做出了一个提炼总结：企业即人，管理即借力。当你的事业目标明确后，懂得并能够整合多少周边资源“为我所用”，就是决定你能取得多大成绩的重要基础。

（任慧媛）

先烧水，还是先洗杯子？

统筹安排，明确分工

哲理的故事

2021年5月，森诺环境工程板块接到沂源汇泉桃花岛紧急通知。原定60天才能完成的活儿，必须在20天内完成。原来，桃花岛在6月11–13日，将召开一个重要论坛，而森诺承建4座环保公厕和10套家用环保户厕的安装必须在11日前完成。

森诺副总经理周志刚知道，桃花岛项目是森诺的第一个景区公共产品项目，做好这个项目，对森诺来说，具有里程碑式的标杆作用。因为“免水冲环保厕所”项目，正是森诺未来战略的重点。

桃花岛项目，建造速度要快，产品还要创新环保，按常规难以实现。周志刚将环境工程板块全体人员临时组建成了一个桃花岛项目组。

会议室里，项目组刚一组建完毕，大家就急着收拾东西。有的人还边走边说：“赶紧吧！时间这么赶，我们得抓紧每一分每一秒！”

周志刚却让助理把会议室大门一关，大手一挥，示意大家坐回原位。待大家坐稳了，他说道：“若此刻大家出门去，一定犹如没头苍蝇一般。”

“那我们就坐在会议室干等吗？这时间可不等人啊。”有人忍不住说道。

“当然不是，所以我才留住大家。我的观点是，干活前我们还是先做好统筹安排，比较好。”周志刚说，“大家可都还记得数学家华罗庚写的那篇名叫《统筹方法》的课文？泡茶时，是先洗杯子还是先烧水呢？很显然，先烧水比较合理，因为我们可以在烧水等待水开的过程中做洗杯子、放茶叶等

准备工作，做到人人节约时间。”

周志刚的“统筹方法论”得到了大家的一致赞同。在接下去的会议里，大家展开头脑风暴，进行此次任务的全面部署。在产品外观设计方面，周志刚预备邀请来同济大学的设计团队。在技术设计方面，他希望技术负责人带领研发团队先做缜密论证，对产品进行大胆创新。待外观设计和技术设计一敲定，项目组人员再明确分工，展开“联动之战”。

经过这样的周密部署，周志刚带领的团队果然在论坛开始前，完成了“不可能完成”的任务。

故事的哲理

统筹规划是运用统筹兼顾的基本思想，对错综复杂、种类繁多的工作进行统一筹划，合理安排的一种科学方法。从哲学角看，它主要是强调系统性，考虑全局，而不是热衷于局部分析。

（张珠容）

STOR

第七章 自我成长

追求无止境 人生当自强

员工的自我教育、自我管理、自我成长，是企业持续发展的保障。世界日新月异，市场环境在不断变化，知识、信息、技术、产品、服务在不断更新，竞争对手在不断壮大，只有主动适应变化，不断强化学习意识、提升能力水平，才能立于不败之地。

“能干，没问题！”

想不想，往往决定行不行

哲理的故事

2016年2月，裴红初到森诺公司负责勘察设计，可他发现什么也干不了。当时的森诺工程设计院总爱说三句口头禅：“干不了”“不会干”“没做过”。

所以，初来乍到的裴红当时最着急的是团队士气的鼓舞。他坚信不是什么都不能干，而恰恰是：只要有价值的事，什么都能干。

正巧就有一个机会来了。这天裴红正在董事长姜传胜办公室谈别的事情，期间姜传胜接到了一个电话，是中石化重庆涪陵页岩气田需要可研方案优化和工程设计，问森诺能不能干。

放下电话姜传胜转过头来跟裴红说明了情况，问他能不能干？

这种项目之前森诺没干过。但裴红当时没说没干过，也没说缺人手，直接就答应：“能干，没问题！只要给我配一个听话、肯干的年轻人就行了，我来告诉他怎么干。”

重庆涪陵页气田项目是中石化比较重视的项目，动用了甲级资质的某大型设计院做可研方案。结果出来之后，建设方并不满意，要求必须优化再优化，把投资额降下来。中石化这才找到了森诺。但只给了10天的时间，多一天都不行。配备的年轻人王春岚倒是挺争气，跟着裴红一起在10天内把整个可研报告编完了。之后，董事长带着裴红一行和某大型设计院一起去汇报，同台PK。甲方领导听完汇报之后评价：这家大型设计院和森诺设计院根本不在一个水平上，森诺把方案优化得非常好。

森诺就此一炮打响，原来总是习

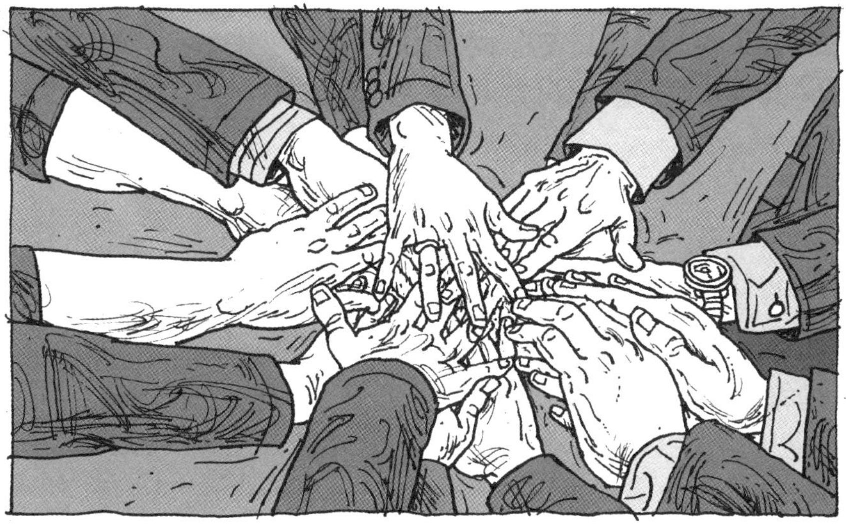

惯性认为自己不如甲级设计院，经过这么一次历练，团队的士气被带动起来了。裴红明确跟大家讲："以后再遇见什么项目问咱们能不能干，我说不能干才是真的不能干。"

只用了一年多的时间，森诺设计院就变得什么都敢做，什么都能做了。员工都很佩服裴红使森诺的油田勘察设计专项从乙级变成甲级，行业的资质也正在提升为甲级。但裴红认为这不是最重要的，鼓舞了士气，全员能力有所建设才最重要。

之后，涪陵项目的咨询设计不再只由某大型设计院一家来做。森诺愣是从这家大型设计院的嘴里分了一半肉出来。

故事的哲理

任何组织在面对新事物时，都应该扪心自问：我们是一个上升期、希望开拓创新的团队，还是一个无追求、混日子而只能墨守陈规的团队？没有一个是或否的决策，是绝对正确或错误的，关键是看与组织所在阶段和价值追求是否相匹配。

（任慧媛）

去电厂，还是留森诺

初入职场，最重要的就是学习和历练

哲理的故事

2011年夏天，钱猛从中国石油大学毕业后入职森诺。先从一名实习生做起，比较繁忙地工作了两个月——终于迎来了发工资的日子。森诺是每月10号发上个月25号之前的工资，当时又正好赶上季度考核，所以工资发得有点迟了。迟些没关系，总归是要发工资了，钱猛满心期待。然而，到头来他却看到工资卡里只收到了400元，心里顿时凉了半截。

相当于一天还赚不到10块钱呢！这可是堂堂本科毕业生呀。一番议论和嘀咕之后，一同入职的一波人里一下辞职了好几个。钱猛心里也开始波动，心想着毕竟还没有转正，看看还有没有其他机会吧。于是就去投了简历，去其他单位面试，结果面试通过，去青岛某电厂工作。

但真要离开森诺去电厂工作，钱猛却开始犹豫了。

“毕竟森诺是个大平台，对接的都是中石化的上游，学习和积累知识，能够快速提升自己。如果去电厂，则至少得先倒10年班才可能有所晋升。”钱猛在心里权衡着。作为农村出来的孩子，钱猛能吃苦而且家庭责任感非常强。“森诺的文化我还是比较认可的，尤其是多劳多得的绩效考核文化比较吸引我。我可以多付出，也愿意多付出，只要是量化考核，量化兑现。干的多，收入就高，也能减轻家里的负担。”钱猛进一步思量着。

经过比较，钱猛最终还是选择了森诺。既然选择了这里，那就好好干，通过这么一次，心里变得更坚定了。一干就是10年，从最初的实习生，到成为

首席咨询师，再到成为工程设计院副院长兼新能源中心主任，在森诺这个大平台上他一步步地积累提升，大展拳脚。

故事的哲理

年轻人入职，千万不要过于看重当下的收入——因为你其实还没有真正为组织创造价值。有付出才有收获，而应届生最大的误区，就是以为自己在校园里已经付出完了，已经要开始收获了。其实恰恰不是这样。应届生这时候最重要的是三点：一是评估这个组织平台的成长价值，二是理解这个组织平台为什么能有今天，三在这个组织平台上安心历练，学能力，长本事。

（任慧媛）

差不多？差多了！
慢就是快

哲理的故事

20世纪90年代，付林在日本从事过两年的工程设计工作。别看这只是短短的两年，其中发生的一件小事却对他今后的工作态度有着非常大的影响。

有一次，日本公司的工程部主任让付林计算出在地下20米处建一个两条直径超过3米的大型管道交叉处理的地下排水工程所用到的水泥体积，而且交待必须用微积分计算，误差不能超过1%。付林当时表示不理解，心想计算个体积还要用微积分，算个大概，备料备宽裕些，差不多不就行了，大不了用不完再拉回去。

但既然主任说了，就照办吧。付林光是计算就用了整整1天时间，这要是估算最多十几分钟就完成了。然后工程部照单备料，工程完成后，运到地下原材料只是稍微多出来一点点，基本上是算是严丝合缝。

主任对这个结果非常满意，并告诉付林，材料如果是估出来而不是算出来的，往往会往高了估，那么多余的材料就还得从地下弄上来，如果已经搅拌的部分会马上凝固，从地下运输出来会非常麻烦，需要调用特殊的设备，增加额外的人工，项目成本会大幅增加，周期也会延长。这让付林意识到：高效不在于急急火火地去做，把每一步做正确做细致，全部过程不返工，就是最大的高效。把扎实的基础工作做好，就可以避免重复工作。由此也可以得出，做一个项目前期规划很关键，大的规划做正确了，后面的效率才会更高，实施细节也会更加顺利。

从那之后，付林做什么事情都有一个习惯——做好前期策划。回国到了森诺工作，付林完成了很多优秀的咨询项目，为业主提供了大量严谨细致的基础数据，得到了业主的认可。这些也得益于他在日本工作所形成的工作理念，把项目策划好，然后做好每一个细节，就会得到完美的成果。

故事的哲理

“磨刀不误砍柴工”，可具体到管理工作中，很多人往往忽视了磨刀的好处，或者无法忍受磨刀的寂寞和辛苦，情愿拿着一把钝刀急急忙忙去砍柴，到头来疲惫不堪还没多大收获。殊不知，慢就是快。

（丰心）

为什么而读书

目的性往往决定了有效性

哲理的故事

森诺科技总经理殷志强是公司出了名的爱读书。而且读书速度和数量都很惊人。至于为什么殷志强在工作异常忙碌之余，还痴迷于读书，则是有他独到的见解的。

“每个人在自己的脑子里都应该有一张拼图，见得越多，知道得越多，拼图就越大。如果见都没见过或者只是模糊的概念，脑子里的拼图版数就会比较少，拼图也就比较小。大小不同便形成了不同的格局，对事情也就有了不同的见解。”殷志强形象地做了一个比喻。

“为什么有的员工到了一定系数就不想干活了？为什么有的员工非常讨厌另一个员工？为什么明明很容易沟通的问题，很多人却各持己见完全不去考虑对方？”殷志强经常在思考：所谓带团队就是带人心，带人心的前提是先了解人心，而了解人心最好的方式就是经历不同人的生活，了解不同的思维方式。接触得越多，就越能理解他人的一些行为，每一种行为背后都一定有一套能够自洽的逻辑。如果你不理解，只是因为不了解他的逻辑。

“兴趣是最好的老师，而需求是最好的教尺。”殷志强说他碰到什么问题或概念，一开始不一定要了解很深，但一定知道在脑中拼图的哪一个点，哪一个范围。等需要深入了解的时候，再在这个范围内深入研究或找专家咨询，以最快的方式找到比较系统的解决路径。所以，殷志强想通过多读书，吸取更多人的经验，了解更多人的逻辑，甚至去经历更多永远不会经历的人生。

他也希望通过多读书来拓展知识结构形成知识储备，当别人说起一个新事物时至少能够理解别人在讲什么，跟更多人打交道的时候也不至于触及太多知识盲区，在工作中也能够换位思考去理解别人的难处。

故事的哲理

如今读书的人已然大为减少，而相比之下更为稀少的，是清晰地知道自己为什么而读书。而对做一件事的目的性和目的性的清晰程度，往往已经决定了你做这件事时的方法选择和有效程度。

（任慧媛）

镜头里的经济咨询部小年轻

忙碌每一天，充实每一天

哲理的故事

经济咨询部是森诺公司比较新锐的一个部门，里面生活着一群有朝气的年轻人。这不，摄影机镜头正对着这个部门一张张神情投入的面孔。

上午8:05，经济咨询工程师王东仁刚接完一个电话，就迅速翻出已经经过N次修改的开发项目，仔细搜寻要点开展全面测算。一个小时过去，他以最快的速度实现了各种假设条件下的推演反算，将项目整体进度又推进了一步。

镜头转而切向首席咨询师周灿。上午9:10，电话响起，她被告知某单位的课题研究进展顺利，已圆满结题，但还需进行现代化管理成果申报，所以急需提交一份申报材料。思索片刻后，她立马做了简单策划，组织项目组人员到会议室商讨提纲及分工，第一时间对客户的新需求进行了快速反应。

工间操结束后没多久，镜头切向了年轻的主任隋汝科。他接到发展规划部打来的电话：油田高级专家准备去中石油某油田开展业务调研，你需要尽快完成一份调研提纲。对甲方交代的“急难”任务，必须马上就办，所以他跟首席迅速组织人员到会议室商讨调研提纲的具体内容及安排。

上午11:50，午餐时间马上到了，镜头里出现了年轻的项目经理姚乾坤。他正舒展筋骨，手还没放下呢，座机铃声响了。原来，某项目甲方副总对刚成立没几年的森诺经济咨询部很感兴趣，想邀请他下午交流一些想法。他顿时打起十二分精神，有条不紊地整理好需要的资料并打印、拷贝。至于吃饭这件事儿，他早已抛到了九霄云外。

下午14:40，镜头切到了孙皓这里。他往一个群里发消息：接上级领导通知，16:30务必完成最新版多媒体材料汇总及印刷。随后，他一边联系各专业负责人，一边联系印刷店询问印刷所需时间。做好各方沟通之后，他大步流星赶去印刷店，在那里现场整理汇报材料并交付打印。16:28，尚有余温的汇报材料顺利交到了发展规划部领导的手中。

下午17:00，镜头拉远，里面是经济咨询部全部人员准备下班的动态。镜头里的首席咨询师燕春如最抢眼，因为她刚接到一个到甲方去对接产能项目优化相关材料的任务，正收起笔记本急急忙忙往外赶。一边赶她一边打电话：“我今天没法准时下班，你赶紧到幼儿园接孩子吧……”

故事的哲理

对于森诺人而言，忙碌是件极好的利器——它调快了生活节奏，锻炼了处理问题的能力，磨平了桀骜不驯的棱角，练达了生活中的人情世故，培养了在困境中寻觅出路的能力，充实了每一天，快乐了每一天。

（睿雪）

高效的“半小时培训”

员工博学多通，助力企业发展

哲理的故事

2020年3月以来，为应对肆虐的新冠疫情带来的市场影响，森诺公司工程设计院出台了一项中层领导全方位、全专业的培训方案。讲师都是工程设计院各部门的主管领导和技术专家。

身为讲师的主管，从同事的角度出发，用平实易懂甚而幽默的语言去讲解课程。正因如此，培训课的课堂气氛十分活泼、融洽。

见到了成效，工程设计院副院长王艳高兴地说："将来向客户推介的时候，我们不光能口若悬河地介绍本专业多么牛气，也能顺带着把院里其他专业的强项一起宣传了！"

工程设计院的运营管理室副主任吴丽丽就是一名特认真的"学员"。参加了几期培训之后，深有感触地说："别小看这半小时的培训，让我这个多年不做业务的'半吊子'人员，也对现在行业发展风向有了一定的认识。在与甲方的沟通中，更自如，也更自信了。"

就这样，"半小时培训"活动在工程设计院内部展开了。在活动上，主管们今天是学员，听别的部门主管讲课，明天就可能变身讲师，分享自己部门的相关知识给大家听。每次培训课上，大家虽然戴着口罩，却掩饰不住接收全新知识时的那种喜悦与激动。

董事长姜传胜看到工程设计院培训效果如此之好，便做出一个决定：将"半小时培训"作为公司的标准配搭，加以推广。他说："主管们跨界学习是发展趋势。多学博学，共同成长，才能助力提升森诺技术创新，让公司朝着科技企业的方向发展。"

故事的哲理

2020年的新冠疫情肆虐，导致许多公司停产停工。人们的工作暂停了，但时间不会停滞，还是一直在流逝。优秀的企业总会懂得适时引导员工"充电"，这样一来，员工成长，企业也就得到了发展。

（睿雪）

“你希望你的孩子像你一样吗？”

员工不思进取，也许只是缺少一个刺激

哲理的故事

有一次，森诺的诺达公司新招来一批年轻人。本来是要充实公司力量，结果个别人却让负责人有些头疼。

这些年轻人从小生活环境优越，普遍没怎么吃过苦，没受过委屈，这对于新人上职场其实是颇为不利的。其中有个小伙子，写出的报告中错别字连篇，PPT粘来粘去没有任何创意，还特别没有上进心，一下班就喜欢回家打游戏。

诺达公司的李照经理看在眼里，急在心里，年纪轻轻就把时间和心思都花费在打游戏上，工作上还态度不端正，长期下去，不就被淘汰了吗？于是他找来了那名同事谈话。

“放下手里的游戏，多看看身边的榜样，人家干得多就赚得多，进步又快，咱们干得少，还不成长不学习，单是基本的考核就过不了啊。”李照语重心长地说道。

小伙子脸上显露出一丝慌乱，心想：这是要被通知离职吗？

“不管怎么说咱们也是大学毕业，写东西起码要体现出高学历人才的基本素养，而不是潦草应付。”李照继续说。

小伙子想起自己的报告中经常被“标红”，开始变得不好意思，说道：“其实我也知道打游戏没什么意义，但我也找不到努力工作的意义。”

“看你年纪也不小了，下一步就是结婚生子，肩上就要负起更重的责任，尤其是教育孩子，如果为人父母都在放弃自己，凭什么要求孩子努力！如果孩子看到你这个样子，会不会很失

望，觉得放弃自己是一件很容易的事？”李照说道。

听李照这么一说，小伙子默默低下了头。

“在咱们公司，技术等级与工资挂钩，只要取得资质资格就能获得额外的嘉奖。所以你不妨把打游戏的时间用在‘充电’或者考取行业资格证书上，取得资质是你自己的，公司还给予补贴，何乐而不为呢？”李照提出了建议。

小伙子一听，不但没有被通知离职，还给迷茫中的自己指了条“明路”，思想上很快有了扭转，意识到：如果一味混日子，时间长了自己都不好意思待下去。但在这里干不好，以后到哪里又能干好呢？

从那之后，小伙子开始融入公司的学习氛围中，还主动申请到条件艰苦的现场去历练，工作越来越努力。

故事的哲理

管理者对待不思进取的员工，不是只有批评、扣工资，或者炒掉，用恰当的方式刺激他们，让他们有所触动，反而能起到事半功倍的效果。

（任慧媛）

“老资格”这回栽了

持续成长，就要打破经验

哲理的故事

森诺新能源中心清洁热力所的岑苗，已是一位老资格的热力工程师。一次，她接手一个光热项目的技术方案。年轻的所长对他说：“甲方对光热技术不甚了解，你先做一套对比方案，便于甲方查看。”接到任务后，岑苗立即着手工作，只用两天，就完成了一份非常满意的对比方案。

但没想到，年轻的所长拿起方案才看了一会儿，就把它否定了。

岑苗不服气，心想：凭我多年的资历和经验，难道还做不好一份简单的对比方案吗？于是，她和所长就这份方案展开了一场激烈的讨论。刚开始，她还底气十足，可讨论着讨论着，她逐渐耷拉下脑袋。

原来，所长的一席话让她看到了方案里出现的许多问题：过于着重与传统供热方式的对比，对新型技术的理解对比不彻底，没有体现出光热替代优势，等等。她不得不承认，要想打动甲方，这样的方案还欠些火候。

与此同时，岑苗感到费解：自己的工作经验都这么丰富了，为何之前看不出方案里的问题？反倒是年轻的所长，一下子就看出了问题的症结所在？所长好像猜透了她的心思，说：“你想没想过，恰恰是你的经验限制了你的思维？”

所长的这句话，一下子就点醒了岑苗：多年积累的经验，是能帮助自己在工作中解决大部分问题，但不是所有问题。有时候，死抱经验只会让人固步自封，难以在工作上有新的突破。

故事的哲理

空杯心态，易知而不易行。在工作中，经验固然可贵，但要想继续取得突破，就需要适时地让自己归零。

（张珠容）

“这个项目不适合你”

能逼自己，才能领导别人

哲理的故事

2017年2月，森诺运营管理部开始将森诺协同办公平台V3向V4的升级，工期原定1年半，却临时决定缩短为10个月。一时间，项目组成员炸锅了——这怎么可能呢?

首先，原有V3平台的技术开发人员离职了，导致技术咨询顾问缺失和V3平台的开发资料缺失。新平台开发人员只能分析原有代码来理解业务逻辑，开发工作量大大增加。既然是平台升级，就必须在建设新平台的同时，考虑兼容老平台的数据，而人员素质不统一，对技术框架不熟悉，都可能导致老平台的数据丢失。

当时，项目组员曹萌由于还兼顾着另外一个项目，于是跟项目经理乔巍提出：可能自己不能全身心投入到协同平台的建设中。乔巍当即说道：“那这个项目的工作可能不适合你，我跟领导申请，你去干别的项目吧。”曹萌觉得这句话深深刺痛了他，感觉乔巍这个人说话尖酸刻薄，太不近人情了。

面临各方面的压力，乔巍并没有退缩，而是带领团队分析项目的可行性，针对资料和咨询人员缺失的问题，采用模块分解的工作模式，指定出各模块负责人。自己则以身作则，负责最难的模块，逐步将一个庞大的工程分解成一个个可行的工作包。同时见缝插针地从需求挖掘到技术框架对项目组成员进行培训，提高工作效率。最终在2017年12月份，10个月，准时完成了新平台的上线。

通过这件事，乔巍对曹萌的影响非常大。他发现其实并不是这个事情

不可行，而是自我设限，事情还没做就先觉得不可行。也明白了乔巍那样说话只是希望他在遇到困难的时候，少找借口推脱。从那之后，曹萌的工作态度发生了很大改变，无论与谁合作项目，都先做好工作的协调，匹配好在各个项目中的角色，认真完成所负责的工作。

故事的哲理

提高团队执行力第一条就是以身作则。这四个字看起来简单，其实本质就是“逼自己”。只要做到了，自然就会感召和改变你想感召和改变的人，这就是领导力。而执行力，本质上首先就是领导力。

（任慧媛）

青年节里的忙碌身影

弘扬“五四”精神，勇担青春使命

哲理的故事

2021年5月4日，传统的“青年节”。这天，森诺的宇尚公司各项目组的青年人，一片繁忙景象。

环保厕所项目组的负责人孙哲忙着带组员去厂家验收刚建造完成的循环水冲厕所。验收是项目中的关键一环，产品是否按照图纸建设？是否达到相关标准？是否存在瑕疵？项目组的人在验收时严把质量关，严格按照公司验收标准，查看每一个位置、每一个零件，甚至是每一个焊点。收工时，孙哲手捧那一张张签下的验收单，庄严地说：“这可都是森诺的品牌声誉呀！”

低氮燃烧器项目组里，党员刘振宁在值班。上午，电话铃响，刘振宁接到通知，滨南采油厂有两台设备故障。他立即与现场采油工取得联系，先远程指导。确定了设备故障原因之后，他与同事立即前往滨州维修，一刻都没耽搁。低氮燃烧器与点火器类似，是油田加热炉必要的点火设备，它给加热炉持续提供热源，以降低来液的黏度和阻力，使原油能在管输中顺利前行。这种设备一旦出现故障，会导致原油堵塞引起管压升高，甚至管线憋压破裂，造成事故。所以，低氮燃烧器项目组成员时刻待命，准备出现场。

新能源项目组的青年们这一天没有任务，却也没闲着。为保证节后一些项目的顺利运行，负责人王永亮带着项目组成员对山东一处改造项目太阳能+空气源热泵的安装方案进行审核讨论。在现场，大家进行头脑风暴，对施工方案中存在的问题、不足及潜在的风险进行了充分预设，然后一遍遍修改，

一遍遍完善。王永亮说："我们的每次确认，都是为项目的运行添一颗砝码，为业务的发展垒一块基砖！"

生态农业组里有个胖胖的身影，那是为森诺员工提供"衣食住行"中的"食"的人，名叫孙嘉玮。无公害蔬菜作为公司的福利，深受员工喜爱。平时，孙嘉玮负责采摘、挑拣、装箱、成袋、分发等工作，把新鲜蔬菜送到同事的手里。这一天，他依旧坚守在他的"办公室"，观察蔬菜的长势情况，为节后采摘做充足准备。

故事的哲理

奋斗是青春的底色，行动是最好的传承。在第72个"五四"青年节里，森诺的宇尚公司各项目组的青年勇担青春使命，以不同的方式传承着"五四"精神，传递着森诺精神。

（睿雪）

“这本书，令我眼前一亮”

组织知识，重在传承

哲理的故事

如今的张家玮已是森诺工程设计院水所的一名优秀注水工程师。而刚入职森诺时，张家玮还很青涩，当时，所里接了一个挺大的项目，张家玮也参与其中。不善言辞的他，遇到问题，不好意思去请教，像个闷葫芦一样，整天跟自己较劲儿。

部门里，有一位热心的老员工叫张攀，他看出了张家玮的心思。

一天，张攀递给张家玮一本书，悄声说："这本书非常实用，对你做项目会有帮助，你拿去看一看。" 张家玮心里一阵温暖，接过书，如饥似渴地读了起来。

这是所内老员工借阅过多次的《建筑灭火器配置设计规范》。

张家玮随手翻开一页，眼前顿时一亮：里面满是红色的标记！他接连翻了好几页，发现每页上面的红色标记都密密麻麻的。很显然，这是老员工们在借阅这本书籍时做的各种批注。

张家玮想起上学时期，每次大考前的"题海战术"。他知道，只有亲手做过项目之后，才真正知道自己掌握了多少专业知识。

张家玮一页一页往下翻，从头到尾细看那本《建筑灭火器配置设计规范》。看到事关手头项目的知识点，也学着前辈们的样子，把要点记录下来。看着记着，一种敬畏感从张家玮的心底油然而生。

带着深深的敬畏感，结合实际，找出重点，张家玮一篇篇地深读，业务日渐精进。

故事的哲理

作为知识型组织，最大的试金石是人才。而人才梯队的持续培养，最关键的是组织知识的积累与传承。

（张珠容）

“以阿米巴的名义，听我命令”

费用最小化的潜力，就是人心的潜力

哲理的故事

有一回，因为项目需要，森诺大节能咨询部首席咨询师郭振廷带着地质工程师老曲、技术员小张出差到郑州。因为当晚9点才到达，他们没来得及取森诺在郑州公寓的钥匙，只好先在宾馆暂住一晚。

第二天上午，他们就铺开了全天的工作——先去华北局收集项目所需资料，再从快递站取来公司寄来的公寓钥匙，最后搬家到公寓。可是，大家打开公寓大门一开，惊呆了。由于长期没有人入住，公寓没水没电，地面、桌面积满了灰尘。

老曲脱口而出：“这没法住，我们还是出去住宾馆吧！”可话一出口，他就有些后悔了。原来，森诺公司正推行“阿米巴经营理念”，里面有一条重要的经营原则“销售额最大化，费用最小化”，意思是在提高销售额的同时，最大限度地缩减经费。老曲意识到自己话说太快了，马上住嘴：“抱歉，我看到公寓这样，一时把阿米巴经营理念抛诸脑后了。”

郭振廷拍了拍老曲的肩，说：“这是正常反应！不过，既然要践行‘阿米巴经营理念’，我们就该克服眼前困难，把住的问题先解决掉。”随后，他带领老曲和小张一起，做了几件事。他们先打电话给物业公司和自来水公司，解决了水电问题。接着，他们拿来抹布提来水桶，进行了室内卫生大扫除。傍晚时分，郭振廷带着收集的项目资料赶去森诺公司的华北市场找领导签字，老曲和小张留在公寓继续搞卫生。

搞定所有卫生之后，老曲和小张开始分配房间。考虑到郭振廷来回奔波最辛苦，他们便把带有独立卫生间的房间留给他。剩余两个小房间，老曲把阳面的那间房让给了唯一的女性小张，自己则要了阴面的那间。郭振廷回来看到这样分配，立马不干了：“小张是女士，应该让她住在带有独立卫生间的房间；老曲住阳面那间，我住阴面那间。阴面房间在最角落，这样我晚上睡觉打呼噜时不怕影响你们的休息！”老曲和小张觉得这样分配不合适，还想更改，郭振廷就故意装出一副严肃的样子：“这是命令！”

随后几天，这个三人小团队白天四处奔跑忙项目，晚间就回到公寓休息，配合默契、气氛和谐。经过这一次接触，老曲和小张对郭振廷佩服至极，他们说：“郭首席不仅带头践行‘阿米巴经营理念’，而且工作上认真负责，生活上品德高尚，真是我们学习的榜样！”

故事的哲理

一般来说，人们都认为“如果销售额增加的话，经费自然也会随之增加”。“阿米巴经营理念”却提倡打破经费与销售额成正比的固有思维，凝聚所有智慧，想尽一切办法在提高销售额的同时，最大限度缩减经费。而费用最小化的潜力，不是来自项目，而是来自人心。

（张珠容）

水务中心的小温暖

互帮互助，关爱新员工

哲理的故事

森诺水务中心的工程师张梅，年纪虽比很多人都大，却是2020年8月31日通过严格面试才入职的，工作经验比别人都浅。起初，张梅内心很忐忑，以一个年长而资浅的奇特状态，又在一个陌生的工作环境，有些不知所措。可一上班，她的紧张感就顿时消除了。

张梅到森诺报到的第一天，水务中心的徐峰就领着她到相关部门办理了入职手续。随后，热心的徐峰还帮忙张梅搬来电脑、安装好，让她拥有了属于自己的工位，张梅感激不已。随口问徐峰进森诺多长时间了，谁想到徐峰腼腆地答道："我昨天刚入职的，只比你早一天呢！"张梅听了，一股暖流涌上心头。

张梅这边刚安顿好新工位，部门两个帅气的小伙子外出正好回来，一个是刘宗超，一个是李绪宾。刘宗超对张梅说："姐，工作上有什么不懂的，尽管来问我和李绪宾！"这无疑给张梅吃了颗定心丸。

随后几天时间，张梅一遇到不懂的问题，就找刘宗超和李绪宾。刘宗超总是细心、耐心地解答，让张梅很快就熟悉了工作流程和内容。对于出差审批这块流程，张梅一时间没法完全记住，就忍不住多问了几遍。刘宗超脸上从没露出过一丝不耐烦，每次都是一条一条，耐心地解释给张梅听。李绪宾是部门的"大才子"，他每次看到张梅对项目有些内容不理解，便会举出通俗易懂的例子去帮助张梅理解。在刘宗超和李绪宾的帮助下，张梅很快进入正轨，工作干得越来越顺手。

张梅入职后不久，就赶上国庆大

假。“十一”假期结束前，张梅因婆婆临时有事无法照看孩子，便抱着试试看的想法打电话给总工朱悦请假。朱悦想都没想就批准了：“照看孩子是大事，这几天你在公司里的工作我会交代给其他人，你就放心吧！”听到领导这样说，张梅感动得一句话也说不出来。

如今，张梅已经很好地融入进水务中心这个大家庭，并对它充满了信心：“跟着这样一帮有责任又热心的同事一起干，相信我们部门会发展得越来越好！”

故事的哲理

企业关爱职工，职工才能热爱企业。优秀的企业，总会帮助新员工早日适应新的企业环境，熟悉相关岗位工作要求，尽早完成自身的角色转换，让他成为企业大家庭中不可或缺的一员。

（睿雪）

油田前线上的新疆四师徒

基层工作是最好的历练

哲理的故事

2020年9月4日，森诺老将、热力工程师张海涛带着三个刚入职不久的新员工，经过16个小时的长途跋涉抵达森诺在新疆克拉玛依的公司公寓。他们此行，是按照新春采油厂的安排，为排609区、691区块注汽项目提供现场技术服务，解决新疆区块稠油开采的问题。这是三个新员工第一次上油田前线工作，工作环境对他们而言是完全陌生的。

在工程设计院，张海涛是出了名的技术派、多面手，对注汽难题方面做了很多研究，积累了很多经验。带队到克拉玛依之后的第二天，张海涛就带着三个徒弟到691区块进行现场调研。他现场勘察注汽方面的问题，并与甲方领导进行沟通，一旁的三个徒弟或是拿着本子记录，或者帮一些小忙，一个上午很快就过去了。回到办事处之后，师徒几个一起整理调研资料。随后的一段时间里，张海涛带着三个徒弟或是做现场调研，或是做方案讨论，或是开项目例会，每天的工作都紧张有序。三个新员工都表示，这样的日子很充实。

他们不外出只在公寓整理调研资料、做方案时，张海涛会拉个板凳，在公寓的乒乓球桌上“开讲”，给三个徒弟传授注汽、井场工艺等方面的知识。周末如果不太繁忙，张海涛就先上上课，再和三个徒弟一起动手，比拼厨艺。饭菜做好了，大家就开始了一轮口水战——对他人的菜品评头论足。这种和谐的气氛，让三个新员工感到了家一般的温馨。

没到新疆之前，三个新员工对新疆的认识还停留在“早穿棉袄午穿纱，围着火炉吃西瓜”的古谚语里。去那里呆了四周时间之后，他们对新疆的环境有了更新的认识，对自己的工作也有了更深的了解。在跟着张海涛忙各项工作的过程中，学到了更多专业化知识，提高了沟通协调的能力。

回到森诺总部之后，三个新员工都表达出了内心的感受：“戈壁滩上只要有石油工人的存在，就能焕发出无限生机！”“扎根前线的石油工人吃苦耐劳，他们的拼搏精神值得我们学习。”“此行我们好比《西游记》的师徒四人，取得了不少‘真经’。其中，师傅张海涛的敬业精神和无私传授，最让我敬服！”

故事的哲理

“艰难困苦，玉汝于成。”对一个行业最深入的理解，就是基层的历练。其实人生并不怕辛苦，只要一切都值得。

（张珠容）

第八章
管理者说

火车跑得快
全凭车头带

姜传胜
森诺如何突破“第二曲线”生死难题

文|中外管理 任慧媛 责任编辑|杨光

提起森诺，不见得家喻户晓，但胜利油田却无人不知。如果有圈内人告诉你整个胜利油田“寻计问策”的工程咨询服务类业务，其实一半以上都是由森诺一家承揽，那么相信你对于运筹帷幄于千里之外的“胜利外脑”的角色，就一定有了概念。

森诺，诞生于胜利油田又服务于胜利油田，属于我们很熟悉的油田改制企业。正所谓打断了骨头连着筋，从评估评价到工程设计、环境工程，再到信息软件，胜利油田的诸多“最优方案”都是出自森诺之手。“问可不可行找森诺，看影响效果找森诺，遇急难险重找森诺”，森诺经手的项目在石化系统获奖无数，已经成为胜利油田的一张“王牌”。

而森诺持续创造“柳暗花明”奇迹的背后，始终站着一位儒雅的掌舵人——森诺科技董事长姜传胜。在他的带领下，森诺自2004年改制以来，业绩曲线从来没有出现过低谷，因为在出现低谷之前，总能及时出现一条“第二曲线”。

姜传胜一直认为：企业的运行和人的成长规律是一样的，从婴儿到壮年之后一定是开始往下走的。如何保持基业长青？每次在一条成长通道达到80%以上，各方面正如日中天时候，姜传胜就一定会开始下一条通道的产业布局，然后伴随着原有产业发展带领新的产业，从孕育期到成长期。

不吃别人嚼过的饭

森诺的前身是“胜利石油管理局建设项目经济技术评估咨询有限公司”（以下简称“评估公司”）。评估公司成立于1994年6月30日，是中石化胜利石油管理局的独资子公司，主要做项目评估评价，服务于胜利油田决策的科学化和民主化。

2003年，姜传胜接受胜利油田管理局党委的安排，从胜利油田计划部的副主任，调任成为了评估公司的第四任经理。在这里，他为了力保企业活力，画下了一段又一段的“第二曲线”。

姜传胜上任之后的第二年，石化系统就开始大改制，国有股份全部退出。于是这一年的11月16日，评估公司改名为“胜利油田评估咨询有限公司”，成了员工集体所有的改制企业，继续做评估业务。

正所谓牵一发而动全身。这个时候中石化的决策体制也发生了变化，效仿国外油气公司实行事业部制，每一个事业部都是一个投资决策主体和利润中心，而胜利油田已经退化为成本中心，相当于只是工厂的一个车间。没有了决策权，当然也就没有了做项目评估优化的积极性。

其实姜传胜从2003年就有了转型的想法，评估业务不但是所有项目前期工作里收费比例最低的一块，而且当时做评估都是由姜传胜做评审，员工往往不直接对接客户，也不直接对接国家的产业政策、行业标准规范——等于是在“吃别人嚼过的饭”。

“特别像这些年国家对安全环保节能要求越来越高，标准规范也越来越高，如果不去对接国家政策，知识结构还停留在原来的标准，原来的规范，原来的工艺水平，那你不但不能促进生产，反而还成了‘绊脚石’。”姜传胜向《中外管理》说道。

于是从2004年年底开始，姜传胜就带领公司由原来的评估优化向做整体规划转型，开始编写可行性研究报告。当时公司原来有三个业务部门，分别做了转型：勘探开发部转去编开发方案，后勤场站部转为去写装备可研报告，还有一个部门是原来从设计院出来做地面评估的，原来在设计院就是做设计的，于是也让他们去做了工程设计工作。

在此基础上，姜传胜还将业务不断向前延伸，并持续创新：2006年成立了"后评价部"，每年可以完成中石化上游中后评价工作量的近90%。2007年取得乙级设计资质。2008年之后，拓展到油藏地质研究、开发方案编制、环境影响评价、社稳风险分析、节能评估、软件开发、环境检测、环境工程治理等业务。

从2005年到2007年，公司原来的评估业务受行业影响每年以30%的幅度锐减，所幸及时用新业务的成长弥补掉了，结果年营收不但没降反而还实现了50%的增长！"到了2008年1月1日，评估业务已经成了0。换句话说，如果之前不做创新，那么这个公司在这一天就已经死掉了。"姜传胜感慨道。

既然评估业务已经归零，再叫评估公司已无意义，于是2008年"胜利油田森诺胜利工程有限公司"就此诞生。沿用胜利油田这个地域名，对于扩大公司影响、提高品牌知名度有利，"森诺胜利"寓意"中国胜利"，工程公司彰显了为工程项目提供全过程服务的理念。

但"胜利"不只是一个名字和愿望，是需要实力与机制为前提的。

从V字型通道到影子股份

森诺改制，不仅在业务上做了转型，而且在员工职业规划上也另辟蹊径。21世纪起，受GE等美国企业的影响，很多中国民营企业都是通过强化组织内部的竞争，来希冀实现组织活力的。但姜传胜却说：森诺从来没有尔虞我诈，甚至没有竞争。就连森诺办公室的灯池都是圆形的，就是在告诉员工：要和谐，要互相协作。而这，建立在一套合理的人才成长通道基础上。

众所周知，传统企业往往采用“金字塔”式的科层制结构，员工越往上机会越少，竞争越激烈，“你上去了我就上不去”，不可避免地互相排挤，产生组织内耗。

对此痛心疾首的姜传胜汲取这一教训，独具匠心地创立了让人才可以多路径实现自我价值的“V”字型人才发展模式。在这种模式下，员工发展的空间越往上越宽（形如V字），没有天花板，没有名额限制，只要有能力，每个人都会在公司平台上得到施展的机会：你不影响我进步，你涨工资也不影响我涨工资，大家都能成长为首席专家、首席咨询师。

比如，在勘探开发板块，一个人可以是勘探首席专家，另外一个人可以是开发首席专家，这样勘探和开发就分开了。其中勘探又分为区域勘探、区带勘探、滚动勘探、非常规勘探。开发又分为断块开发、稠油开发、三采开发、整装开发和非常规开发。这些首席专家可以再往下继续分，只要稍微一个细分，“有头有脸”的岗位就会无限多。

同时配套出台相关绩效考核、薪酬分配、技术岗位分级管理、首席专家和首席咨询师聘任、中层管理者轮岗竞聘等制度。“不怕能人多，能人多就会贡献大，公司就能持续发展，反过来大家才能真正受益，从根本上杜绝了互相排挤、勾心斗角的现象。大家团结协作、合作共赢，每个人都站在巨人的肩膀上成长成才。”姜传胜说到此处颇为兴奋。

一直到现在，森诺仍然在使用这套机制。“我希望将来这个V字型，在下边的基础员工是越来越少的，上面随着这个口越来越大，专家是越来越多的。如果说都是这样一个队伍，这样一个结构，那么公司就牛大了。”姜传胜双目放光地告诉《中外管理》。

培养了人才，还要能留住人才。而“面子”只是一部分。

森诺改制时，按照国资委的规定，老员工成为原始股东，以员工的工龄为基础确定原始股数量。这种股权结构只考虑工龄却不考虑贡献和能力，有平均化弊端，并且只有改制前的员工是股东，以后来的员工不论能力大小永远是打工者。这样没法留住人才，也无法吸引人才，更不利于公司长远发展。

经过一番冥思苦想后，姜传胜提出了给贡献大的员工配发“智力股”，即每年提取一定比例的利润作为“智力股”的分红，授予当年评选出来的骨干员工。

“智力股”与普通股一样参与利润分红的同时，只要随后在公司连续服务满八年，就可以转成普通股，但如果八年内离开则自动归零。“智力股”根据三方面考核发放，一是日常绩效考核，权重60%，以鼓励提供质高量多的咨询成果；二是创新绩效考核，权重20%，以鼓励知识创新；三是团队合作考核，权重20%，以鼓励团队合作，培养新人。

后来姜传胜发现这与美国公司“影子股份”的提法不约而同，于是“智力股”直接改为了“影子股份”。实施多年来，不仅成功留住了骨干员工，而且离职率在各类员工里始终最低。

再遇瓶颈，再次转型

在创新驱动和人才保障下，森诺像是一艘马力十足的大船，开始了扬帆远航。

从2004年改制后的11年间，森诺业务总体保持两位数增长。期间虽然受2014年国际油价的影响，在2015、2016年的收入有所下降，但随着国际油价的回升，2017、2018年收入又重回增长通道。

可就在业务仍旧保持增长，公司上下都沿着这条通道向前时，习惯登高望远的姜传胜却发现瓶颈已现。公司项目管理中心的业务开始变少。因为油田认为自己已经管得很好，逐渐不再需要森诺“做咨询”，大的工程项目油田也开始用自己的设计院解决工程总承包。

姜传胜断定年营收3个亿就到头了。

作为一个企业的掌舵人，危机出现时，要尽快推进转型与升级，尽快锁定新发展塔标，做好准备第一时间起锚、选准航道、驶向下一个新的港标。而这，取决于掌舵人的眼光和胸襟。

人生最难的是就是选择。面对战略抉择，姜传胜并不迷茫，因为他有着非常强的学习能力与洞察能力。他平时除了爱关注国家政策，还经常听石化系统领导不同场合和活动的讲话，《中国石化报》更是每日必看——森诺的很多业务机会就是这么捕捉到的。

姜传胜注意到："十九大"报告中提出"要高质量发展"，而提得最多的就是"创新"，中石化也提出了"建设绿色企业、实现高质量发展"，由此他坚定这就是未来的方向。而这时的森诺，已经积累了一批优秀的科研成果亟待转化。而社会，迫切需要这些产品和技术。

所以，森诺一改自身以往单纯的服务型属性，将服务与实业相结合，走科技创新发展之路的方向，愈加清晰而坚定。2019年，森诺做出最终决策：以科技创新为统领、以咨询服务为依托、以环境产业为基础，服务与产业并重，服务国家高质量发展。

为此，森诺再次更名，改为"森诺科技有限公司"。

"拉撒"问题中有一片蓝海

调整方向之后，拿什么试水？

2019年中石化在集团内提倡绿色企业创建，要求生活污水达标排放。森诺由此承接了胜利油田现场雨污分流项目设计任务。他们了解到，由于野外既没有供水设施，更没有排水设施，作业队基本上使用旱厕。夏天蚊蝇叮咬、污水横流、臭气熏天，冬天又冰天雪地、寒风刺骨、路面湿滑。事实上，石油开采业50多年来，作业队就从来没有过正规厕所。

看到这种情况，姜传胜决定设计

不用水冲的野外厕所产品。他想到了他们之前分解油泥砂可以用微生物，那么人类粪便能不能也用微生物分解呢?

姜传胜得知中科院上海高等研究院从事微生物菌的研究。经过接洽之后，双方达成共识并开发了适合人体粪便降解的微生物。随后进行了野外环保厕所的结构设计和试制，开发出了智能免水冲环保厕所——全过程不用水冲，不需要上下水管道，不用抽排污水，不臊不臭无异味，且几乎没有噪音。

环保厕所先在胜利油田的一个采油厂进行试用，随后推广到胜利、大港、江汉等油田以及海南炼化、中石化山东销售公司等单位。经过一年半的现场应用，环保厕所经受了酷暑严冬的考验，在解决油田生活污水排放达标的同时，也解决了野外人员如厕的“尊严问题”。

在帮助油田野外职工解决如厕问题的同时，姜传胜还发现乡村振兴中提出的“厕所革命”很大一部分是把城市水冲厕所模式直接复制到了农村，却由于缺少排水系统，没法用，建好的厕所却被农民当仓库用了。还有，上了岁数的老年人和失能人员，腿脚不利索，没有人搀扶，如厕也很困难，而且室内味道重，自己没有尊严。

“这几类群体总量几亿人计。这么大的群体如厕的卫生、环保、尊严没有解决，我们能算高质量发展吗?”姜传胜锁眉反问。

换句话说，这是一片又一片的蓝海。但意外的是，森诺董事会并不这么认为，董事们认为挣农民的钱太难了。但姜传胜觉得过去是没有接洽，没有技术，没有产品，现在技术已经掌握在自己手里，前面已经把油田的问题解决了，只要往外一延伸就能把农民的如厕问题解决。全国有4亿~6亿的人需要这种产品，有3万亿的市场规模——没有不做的理由。

“从我起心动念就没想着要挣钱，我宁愿用其他板块的钱去补厕所板块的亏损。当务之急就要把量做起来。”

姜传胜说：也不能因为农民不接受价格，我就降低价格，降低标准，任何一个零部件都不准到自由市场去买，都是国内前五名的标准件厂定期发货。我的初心，就是一定要把产品打磨好。

最终经过反复论证，董事会被说服了。从2019年9月开始，姜传胜带领团队开始研发家用免水冲环保厕具。和之前研发的油田环保厕所不同，家用环保厕所要先把家用环保马桶生产出来，这下难度增加了。

一开始姜传胜找了外面的一个设计师合作，俩人一块研究先把模具做出来了。由于对材料没有了解，模具刚度不够，最后成品出来晃晃悠悠的没法用，29万的模具费打了水漂。之后又和一个设计机构合作，由于对姜传胜的思路理解不够，设计出来的产品也不行。钱没少花，劲没少费，却没有进展。

平时坐下来时，姜传胜有个下意识的习惯，就是喜欢用手指在腿上反复写一个词——坚忍，而这正是他自己的座右铭。姜传胜常说："达到目标最短的距离是直线。但是如果直线走不通，就往左拐，还是走不通，就往右拐。没有经过所有这些尝试，我是不会放弃的。"

第三次再试，姜传胜联系到了海尔卡奥斯。

卡奥斯作为海尔精心打造的工业互联网平台，可以整合海尔的供应链资源来共同做这个产品。于是姜传胜又和海尔展开了合作。虽然一开始开展也不太顺利，但功夫不负有心人，森诺和卡奥斯共同讨论，反复试验。从结构到参数再到材料逐一突破，最后符合农村侧改需求的免水冲环保厕具终于问世。姜传胜带着它参加了农业农村部组织的第一届农村厕改技术产品创新大赛，一举获得创新创意组一等奖！

如今产品已经投放市场，虽然森诺是免水冲厕具的发明方，但要在短时间快速铺开售后网络并不容易。所以姜传胜选择了借力，只负责产品设计迭代、市场推广销售，由海尔供应商

代工注塑、组装、检验，并委托海尔完成售后物流配送、安装、维修服务等。借用海尔的售后网络和品牌形象，姜传胜既解决了“最后一公里”的问题，也让用户使用没有后顾之忧。

万事俱备之后，开始市场推广。由于环保厕所解决了中石化帮扶乡村振兴多年，却没有技术的困境，所以姜传胜先从中石化帮扶的750个乡村作为突破，从一个村到又一个村。之后是中石油、中海油从一个村到又一个村。

星星之火就这样燎原了。

“我的决心就是你们的信心”

自从确定走向科技创新的道路之后，森诺的科技属性变得越来越明显。

2020年年初，胜利油田大地面业务规划被首次提出之后开始启动，森诺作为唯一一家设计单位，参与编制任务。在这个大背景下，姜传胜结合油田实际大胆设想出了“区域整合”建设的大方向，意在打破固有的厂界和行政壁垒。

经过60年开发建设，胜利油田尤其是东部老区资产庞大却自成体系，对外封闭的同时，内部又复杂得像一团乱麻，重复与无效的能源白白浪费了不知道多少。如果能打破以往惯性思维，成功谋划整合了大地面，就等于是给胜利油田做了一个顶层设计。

于是，在“区域整合”的大方向下，森诺调动最优质的资源，并吸收先进经验，提出了“区域中心站”规划方案。规划很快得到批复，森诺又承担起了依据规划，编制地面设施简化优化专项规划的任务。

地面设施简化优化，需要有满足规划实施的设备，但问题是当时国内并没有这种设备。

就在规划因缺少设备无法往下进展时，森诺副总经理、国家级勘察设计大师裴红像是灵光乍现般在一张A4纸上画出了一张“一体化装置”的草图。

这一装置是利用全平衡与重力流协同作用的理念，创新出的单双层全重力油气水处理装置，它将传统与现代各项成熟技术整合到一台设备中，用一个“点”来解决当下新老油田为实现油气水分离处理而建设的整体加热、分段处理、降价、加压、大罐沉降等一连串冗长的高耗能流程。意在实现油田地面工程简化优化、节能降耗、零排放的目标。

这一创新点子作为规划进展向甲方做了汇报，并得到了认可。但草图毕竟只是草图，真要变成现实，团队开始犹豫。因为还有许多未知的细节难题要求证、试验和解决，甲方虽说认可，但森诺是否真舍得投入呢?

了解了这一构想之后，姜传胜感觉到眼前一亮，马上就明白了“区域整合”的理想要照进现实了，这是一场革命性的突破!

要知道，在自成体系的背景下，石油开采要节能降耗，多少年都一直在口号中原地打转，这下总算找到了一条出路，意义重大。于是姜传胜没有任何犹豫，立即批准投入1800多万专项资金，并鼓励研发团队：“你们尽管搞研究，资金不是问题，销售不是问题。我的决心就是你们的信心。”

正是有了姜传胜的决心，团队意识到领导这是要来真的，之前的犹豫彻底打消了。关键时刻，领导的决心何其重要，同样是一张草图，因为有了带头人的战略眼光和判断力，就能引发一场流程革命。否则，草图可能就还是草图，只停留在了那张A4纸上，甚至压了箱底儿。

从不成熟的草图构思，到成为设计蓝图，再到无数次的实际测算，理想一步一步变成了现实。2021年春节前，第一台“一体化装置”设备以崭新的外观运抵现场。3月20日试投成功，5月顺利通过了检测和验收，之后全面进入了推广应用阶段。

同时，针对油田含聚污水处理难题和就地分水回注的需求，森诺的水务中心还研发出了国内首套“压力式高效气浮水处理装置”，可以直接连接三相分离器，不用缓冲罐和提升泵，简化流程，降低能耗。在不加任何药剂，采出水停留时间仅为14分钟的情况下，含油去除率高达91%。此装置与重力分离脱水一体化装置配套使用，原油就地外销、污水就地回注，实现了真正的短流程。

这标志着森诺又一次取得了历史性的创新突破，一体化装置已经申请了38项专利，这在国内外尚属首创，更填补了世界油气水处理行业的一项空白。森诺科技的核心竞争力再一次壮大。

甘心吃亏算“大账”

在森诺文化理念中有一句话：为客户提供超值服务。

对此，姜传胜解读为：一定要服务到客户的心坎儿里。“我们干任何项目就是给委托我们项目的那个人脸上贴金，做好一次项目，领导表扬他一次，就给他贴一次金。不管背后谁给他做的报告，领导只关心这个任务完成得很好。下一次又做得挺好，就又贴一次金，估计有这么三次，他在领导心目中的印象就一定会不一样。”姜传胜经常告诉员工：领导重用了他，他一定还会想着森诺，周边的人也会看是谁促成了他的成长。作嫁衣，总有作嫁衣的道理。

姜传胜正是善于用长远的眼光考虑问题，而不惜心甘情愿地吃亏。

森诺在为胜利油田建能源管控平台时，与油田的其中一家采油厂对接合作，说好了各拿50%的分成，但其中要用到采油厂的数据，于是就还要再扣20%分成。这么一来，对方拿的是70%的纯利，森诺只拿30%，还包括人吃马喂的运营成本。而能源管控系统正常运行却可以为油田年节电10%以上，带来的效益高达5个亿。

里外里一算，明眼人都知道姜传胜是亏的，但他不争也不抢。“只要我能给他们带来5个亿的效益，别说只给我300万，就算给我3000万又能怎么样？我拿了3000万就能发财了吗？但只要整个石化系统知道就我能做这个业务，这就够了。我要算的是这个大账。”姜传胜心里有数。

还有一次做大地面规划简化优化流程，森诺把胜利油田一个采油厂5个核心站的规划都做好，并通过了审核。但当落地实施时，却只分到了一个核心站，其他的4个分给了别人，这显然是没有考虑森诺前期做规划的辛苦投入。但这件事到了胜利油田的计划处，一个明白人发话了：“凭什么森诺做的规划，让别人去实施呢？这涉及到整体概念，没有参与整个大的规划，只看别人的报告他们就能做得了吗？”最终，森诺被摘走的“果子”又给还了回来。

"从一开始做这些事，我就没想着能给我带来多少收益。但它能带动公司整个技术能力的提升，还锻炼了研发队伍。研发成功之后，不光胜利油田需要，别的油田也需要。最终我不仅创造了价值，而且树立了品牌，这是多么大一个机会。"姜传胜仍旧在算大账。

最后回过头来看看，能源管理中心是森诺干的，大地面规划是森诺干的，简化优化流程也是森诺干的。虽然暂时收到的效益不大，但是创造了价值，树立了品牌。厚积才能薄发，善于算大账，算长远账的姜传胜要的正是这些。

商场较量就像是棋局博弈，舍卒保车、飞象跳马……棋局的赢家往往是那些有着先予后取的度量、统筹全局的高度、运筹帷幄而决胜千里的方略与气势的棋手。

只有员工幸福了，企业才有幸福

姜传胜的大智慧还体现在追求员工的幸福上。

一个公司要想发展壮大，一切还要归结于以人为本，造就"人"才能造就"企业"。就如"日本经营之圣"稻盛和夫所说：只有把员工的幸福放在第一位，大家团结一心，经营者与员工的心灵产生共鸣，企业才能走出困境，才能获得健康发展。

消极怠工、工作失误增加、效率不高，最主要的原因就是员工没有幸福感。2021年年初，姜传胜带领公司管理层50人开始学习阳明心学，全体员工学习弟子规、中庸。在学习讨论过程中，他发现员工家庭关系处理缺乏智慧，也不得要领，夫妻关系、婆媳关系、子女教育出现很多问题。家庭不幸福，员工又怎么会幸福呢？

姜传胜就开始思考，能否借鉴王阳明所写的化育当地百姓的《南赣乡约》模式来搞幸福家庭的建设呢？带着这个问题他参加了悟道游学，受到很大鼓舞，并总结出了一套自己的心得。

要建设幸福家庭，姜传胜认为首先家庭要有行为规范、要有道德准则，即家风。正所谓“积善之家必有余庆；积不善之家必有余殃”。诸葛亮诫子格言、颜氏家训、朱子家训等，都是在倡导一种家风。“我们的老祖宗早已为我们做好了教人向上向善的榜样，就是建立家风、家训，共同学习领会，变成一家人的行为规范。”

有了良好的家风打下基础之后，还需要修炼人格，学会立志。按照阳明先生的观点，立志当立圣贤志，立志为圣，则圣矣；立志为贤，则贤矣。要敢于立大志，它就会引领你朝着圣贤的方向前进。有了大志，持续学习提升自己，垂直攀登，心灵品质就会得到提升，从士人、能人、君子、贤人、圣人逐级提升。

随着心灵品质的提升，烦恼和纠结就会减少，人生的快乐就会明显提升。“天下本无事，庸人自扰之”，庸人就有处理不完的事，整天被烦恼纠结困扰。如果通过学习提高到士人的层面，80%以上的烦恼就消失了。对于庸人来说天大的事到了士人眼里那都不是事儿。同理，对于士人天大的事，到了君子眼里就根本不是事儿，因为他们有更远大的追求。

立志之后，每个人还要敢于完成心愿，确定“成就怎样的事”。“做人是一辈子的追求，做事要有阶段性的目标，比如战略十年规划、家庭十年规划。规划十年的目标，再分成四个阶段，分别是生根、发芽、开花、结果，每个阶段的时间自己结合情况确定。”姜传胜说：有了这样一个规划，大家的人生就会有奔头，工作生活就会有力量。

如此，员工处理家庭关系的智慧就会提升，就会去更多发现对方的优点，爱对方的激情就会重新点燃。家庭和谐了，孩子的成长环境也得到了改善，对待家庭、事业会更有信心。家庭和谐了，对待同事、客户的那颗心也转变了，变得更柔软了，同事关系、客户关系也更和谐了。家庭搞好了，企业搞好了，社会就搞好了。

一定要走在“道上”

掌舵人的境界往往决定了企业的高度。

学会审时度势，才能谋划全局。“十二五”“十三五”期间，森诺开展了地热、污水余热、光伏发电等咨询与设计，开发了能源管控平台，在行业内创建了森诺新能源咨询、节能咨询的品牌。进入“十四五”以来，森诺又在节能、减排领域加大科技创新力度。

未来40年，节能减排降碳将成为国家战略，这为森诺提供了难得的发展机遇。他们将结合公司实际，把咨询、技术、产品创新作为公司科技研发的重中之重。

值得注意的是，森诺所有的产业布局都在国家的产业政策里面，都是国家主张的、支持的、需要的，无一例外。用姜传胜的话说：“一定要走在道上。”

“要把过去做咨询服务取得的一点成绩放下，不能一叶障目。放眼社会，我们已经进入了万物互联的社会，社会的发展和变化用日新月异已经无法形容，互联网、物联网带来的产业更迭瞬息万变，门口的‘野蛮人’随时都会颠覆传统产业。我们要未雨绸缪，以创新的姿态，抓住国家政策调整的战略机遇，主动出击、主动作为，最好的防守是进攻。”姜传胜时刻告诫全体员工。

孔子曰：三才者，天地人。上有天，下有地，人在其中，是以像天地般有容乃大，才可并称三才。要把企业做大做好，企业家就需要有这种大智慧。既要通天入地，又要把握住“人”这个关键要素。

所谓“通天”，就是企业家要有情怀，有使命感，有高瞻远瞩的格局。所谓“入地”，就是要懂江湖，接地气，有舍有得，坚忍务实。所谓“把握住人”，就是要通人性、聚人气、凝人心，洞悉人性，尊重人性，激发人性。

姜传胜和森诺，正走在这条“道上”，从“胜利”走向胜利。

我的决心
就是你们的信心

森诺科技有限公司总经理
殷志强

企业就是一个“缩略版的社会”，因此他需要有梦想的引领、价值的创造、制度的保障和文化的聚力。

企业的发展就是企业中人的进化和协作关系的进化，这种进化会因为经营环境和内生需求的刺激随时发生。在这个不断进化的过程里，企业的每一个人都要找到自己存在的价值并建立自己的不可替代性；而企业为了健康发展需要不断培育人才来降低对于个体不可替代性的依赖。在这种交替循环的过程中，大的梦想会吸纳小的梦想，大的格局会包容小的格局，共同的利益会排斥自私的谋利，从而不断孕育新的和谐生态，企业才能在这种螺旋式上升中持续焕发新的生机。

森诺科技有限公司副总经理
付林

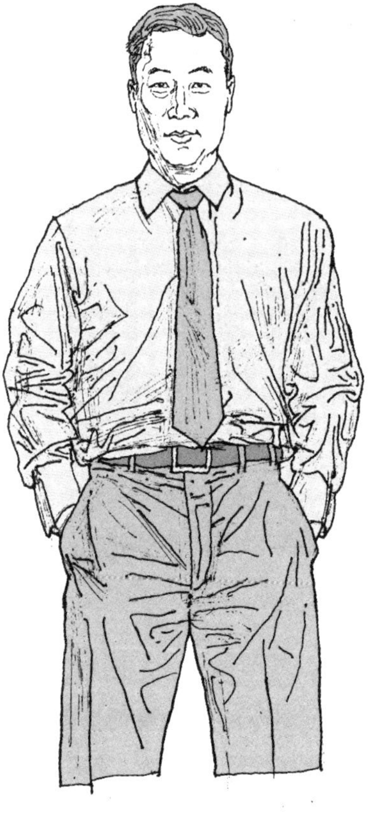

从2004年改制那一天算起，我在森诺已经17年多了。我常常回顾这过去的6200多个日夜，从风华正茂的青年步入中年，对于任何人来说都是决定人生命运的关键时期。

过去的17年里，我从一名普通员工干起，汇报了大大小小无数个项目，为公司赢得了品牌。组建了森诺设计院，并将森诺设计这支队伍带到了区域第二。17年来，感觉自己内心似乎从来没有放松过，就像一个长途跋涉的人，好像从来没有时间停下来休息一样。时至今日，内心却充满了踏实而安全的感觉，这是一种收获后的平静。我庆幸17年前的选择，心中充满感恩!

感恩17年在这里和我同行的每一位同事，你们的奋斗和进步是最精彩人生故事，我每一天都在耳闻目睹，这些都会铭刻在记忆里，成为生命的一部分。

人生，本身就是不停的奔波，在磨砺中成长，在奋进中感悟。希望今后的日子与时俱进，今后的人生不负韶华。希望我们的未来是星辰大海!

森诺科技有限公司副总经理 张建荣

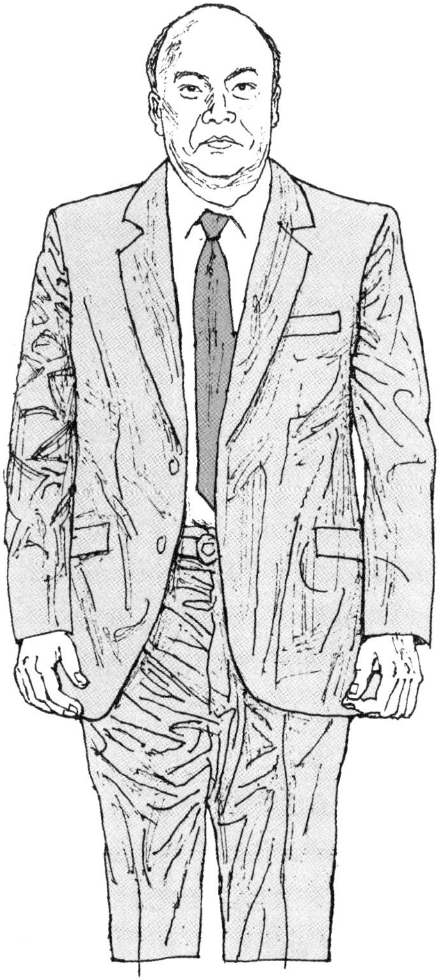

记2021年公司“三八节女神黄金周”活动的组织

春节后的第一个节日就是三八妇女节，往年的“三八节”一般组织一下简单的活动或给女职工放半天假，但一想到今年由于“疫情”造成的压抑气氛，更需要一场全新的活动来体现公司对广大女员工的关爱，并激发大家对美好生活的向往。

经公司工会委员会讨论，考虑到不同岗位女神们的实际工作，为了便于女同胞选择与参加，今年提出了“活动周”建议，并组织编制了公司“女神黄金周”活动方案，具体内容包括：芳香

课堂、咖啡制作、多肉盆栽DIY以及有机蔬菜采摘活动，其中有机蔬菜采摘是鼓励女同胞带家人一起参加的，想不到方案一发布就得到了广大女同胞的热烈欢迎。

前三项活动是在一处茶室中举办，活动中随着悠扬的音乐伴奏和主持人耐心的讲解，我看到昔日公司的女强人们像孩子一样专注地享受着这份单纯的快乐，有同事发言“感谢公司举办这次活动，让我知道自己除日常工作以外，还有这样充满‘女人味’的一面”，还有同事说“在日常繁杂的事务里能够有这样轻松的一刻真好”。后一项活动是在公司的有机蔬菜大棚，有带孩子的，也有带着老人，看着一家又一家人欢快地在大棚里采摘，我则忙着帮他们照相，看到大家幸福感溢于言表，我早忘了寒风中组织与带路的疲劳，也十分满足。

公司一直注重女性权益，一年一度的“三八节”早已过去，但建设一个真正有实力、有文化、有温度的企业，则是我们的不懈追求。

森诺科技有限公司副总经理
于忠国

招标代理中心自成立伊始，公司领导、部门员工共同讨论确定的部门工作目标就是依法合规、专业专注、客户满意。几年来，已代理完成上千个不同类型的工程、货物及服务类项目招标，以不忘初心、牢记使命的态度始终贯彻执行这一工作目标。

以油田保险招标为例，该项目涉及机动车辆险、船舶一切险、安全生产责任险等险种，具有招标金额大、标段划分多、涉及单位广、投标竞争激烈、风险管控点多的特点，项目组经与招标人充分结合，在准确把握项目特点、技术经济需求及招标人管理要求的基础上，制定了周密的招标方案，在履行有关申请审批手续后，组织完成了项目开标、评标、公示及组卷存档工作。为招标人推荐的中标候选人均为优秀的服务队伍，具备精良的装备、先进的技术、科学的管理及丰富的经验，达到了招标人优质采购的目的。

森诺科技有限公司副总经理
裴红

2016年年初我来到了森诺，当时的森诺只能做些油田设施修修补补的简单设计，没有特色，也没有形成独特的优势。但很快我就发现，这个平均年龄只有30岁的年轻队伍很能拼。于是，我就指导这群能拼的家伙们拼页岩气、拼致密气、拼煤层气，只要是那些大院不愿意干或干不好的非常规项目，我们就去拼，去搏。

我们秉持快速反应、优质服务、客户满意的服务理念，坚持把客户的事儿当做自己的事儿来做、在满足技术要求下的最低成本、勇于坚持原则的三大设计理念，经过三年的不懈努力，搏出了国内三大非常规气田工程设计业务的一亩三分地儿，让森诺成为国内三大非常规气田工程设计业务的佼佼者，也使之成为森诺“十三五”实现国内知名工程公司的显著标志。而拼的另一个结果就是涌现出以王春岚、刘未荣、王通通、孙莉莉、聂嵩、梁文豪、李永明、石艳娟、柳润泽、代立胜、李勃桦、张学庆、夏琰、鲁智杰、王艳、尤晓卉等为三大非常规气田工程设计领头羊的代表，涌现出一大批善于处理三大非常规气田工程各个专业特殊难题的专业技术骨干。

现在，我们什么大项目都可以干了，也形成了自己独特的优势。

森诺科技有限公司副总经理
高奎江

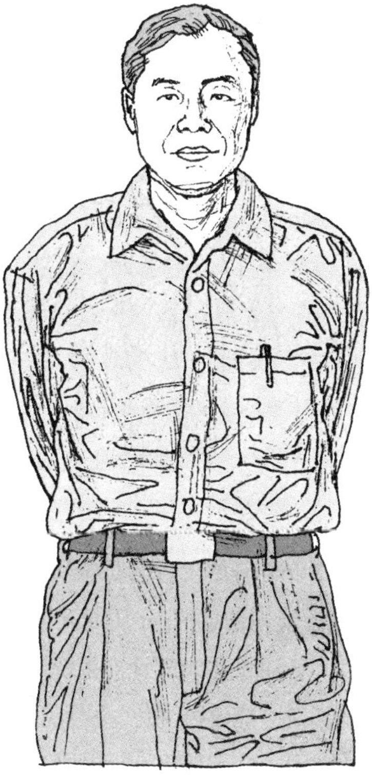

2018年12月26日，我带领项目组一行11人到北京参加国家生态环境部环境工程评估中心组织的胜利油田滩海油田海洋环评技术评估会。

评审会历时三天，在业主、项目组的集体努力下，该项目最终圆满通过了生态环境部的专家审查。会后业主胜利油田带队领导对我们的工作给予高度评价，表示森诺这支队伍是能打硬仗、能啃硬骨头的队伍。能得到业主的认可，我紧张的心，也终于得以放松。我想一个项目从承接、开展到顺利完成，不是单一因素成就的，是天时、地利、人和的结果，是一个团队通力合作的结果。

项目的顺利通过，解决了胜利油田海洋石油勘探环保手续历史遗漏问题，从而保障了滩海油田生产的合规合法生产，也体现了森诺人勇于担当，敢于奉献的精神。通过这个项目的历练，更使森诺科技有限公司滩海油田环境影响评价技术水平达到了国内一流，开拓了市场，锻炼了队伍，促进了成长。

森诺科技有限公司副总经理
姜祥

2016年开始，公司就主导胜利油田的能源管理信息平台，历时五年，成功研发“石油企业能源管控系统”。系统可以实现“能流可视化、在线可优化、能效最大化”，从管理节能的角度取得了成效。2020年，能源管控系统在胜利油田16家开发单位上线运行；2021年，中石化也将大规模推广实施。

依托能管平台，探索一体化能效提升技术，挖掘节能潜力点，通过多专业协同会诊，提供一体化的能源解决方案，为降本增效提供技术支撑。经过不断的探索和完善，逐步形成了以地质油藏为龙头，以机采集输为中心，注采输一体化优化的大节能理念。

在新发展理念和高质量发展要求下，“一体化节能”创新为油田企业的提质增效、节能降耗、绿色发展提供了森诺智慧，并在油田企业中具有广阔的推广和应用前景。

森诺科技有限公司副总经理
周志刚

万事开头难！环保装备从设计、加工、销售到售后，各环节从零开始；注定是一条艰辛的发展道路。环保厕所作为公司新的战略方向，从董事长到板块的每一名员工都倾注了大量时间和精力，但作为新兴产品推广难度可想而知。借2019年中石化“创建绿色企业”的契机，在姜总的大力宣传和推动下，免水冲环保公厕得到了胜利油田领导和主管部门的认可，计划替换现有旱厕以提升一线职工工作环境和幸福指数。随即开展的免水冲环保公厕投标工作，公司上下高度重视，投标工作组历经四十天集中突击办公，基本上放弃周末和晚上休息时间，认真地准备着每一份投标资料。直至开标前一天的晚上，大家忙碌到半夜，连夜前往北京。功夫不负有心人，最终以第一名中标，开启了公司装备制造业务新的篇章。

2020年初的疫情给中国经济按下了暂停键，智能环保厕具项目团队研发工作照常进行，大家分头行动、视频讨论，用了2个月的时间研发出第一款功能样机，并开展了3个月的室内试验后，转入量产产品设计阶段。疫情过后，与海尔卡奥斯团队集中突击产品设计、模具开发，在10月底第一代产品顺利参加了“中国厕博会”“农交会”并赢得政府、企业的高度关注。期间，环境工程团队完成了“孤东会战”“东辛会战”“纯梁会战”“燃烧器会战”“西南工程会战”等一系列项目，团队在奋斗中快速成长，免水冲环保厕所、循环水冲厕所、低氮燃烧器等产品也实现了批量化应用。

2021年，我们在油田环保公厕的基础上，研发了适用于景区、市政街道的景观式公厕。汇泉桃花岛项目作为公司在景区和乡村振兴领域的第一个试点工程，董事长高度重视并亲自带队赴现场考察，要求一定要在“首届中国乡村振兴鲁村论坛”举办之前完成，倒推时间只有20天。从踏勘、设计、生产到安装，项目组兵分四路通力配合，最终圆满完成了这个原本60

天工期的项目，把不可能变成了可能。环境工程的同志们用“付出不亚于任何人的努力”践行了森诺“快速反应、优质服务、客户满意”的服务理念，感动了合作方和桃花岛的村民们。论坛开幕当天，我们的环保厕所成为桃花岛一道亮丽的风景线，吸引了大批与会嘉宾驻足参观，大家簇拥着董事长，不断询问这个新鲜事物的原理和特点。准备的300份产品宣传材料不到两个小时就被参观者领完了。

环境工程板块，承载着公司产业创新的艰巨使命，面对新发展阶段所面临的机遇和挑战，经历两年的不懈努力和持续发展，形成了具有技术竞争力的橇装设备、环境工程、节能减排、生态农业四大特色板块。整个团队上下同心，挑战“不可能”，坚持“不服输”，发扬“不怕苦”。在工作中大家聚在一起，心往一处想，劲往一处使，敢打敢拼，必将取得更大成绩和长足发展。

大节能咨询部主任
孔文良

“不管项目性价比高低、难度大小，只要承接了咱就要尽全力干好啊！”这句朴实的话语在邓姐身上绝不仅是一句口号，而是她实实在在去践行的朴实原则，更是森诺科技企业文化的集中体现。

邓新颖是大节能咨询部的首席咨询师，工作上严肃认真，一丝不苟，生活上待人随和，平易近人，我们都亲切地叫她邓姐。她就是这样一个姐，有责任，讲诚信，一旦承诺，务必兑现。

邓姐不仅仅圆满地完成了甲方委托的分内工作，甚至转换为“半个甲方”的角色，积极协助协调开发处、研究院等多个处室推进进度，并发挥专业能力提出合理意见和建议，最后按时提交成果之后，得到了甲方如此的评价：“你们是我合作过的最好的外协”。

其实邓姐是森诺科技有限公司中众多优秀项目经理的一个缩影，在公司里还有许许多多像邓姐一样的人在默默付出，努力工作，共同践行着独立、科学、公正，为客户提供超值服务的经营宗旨，以及快速反应、优质服务、客户满意的服务理念。

经济咨询部主任
隋汝科

“凡后生美质，须令晦养厚积。”油气工程经济咨询专业性强，涉及知识面广，是一项知识密集型业务，对从业者要求非常高。

作为森诺公司一名老员工和经济咨询部的负责人，我亲眼见证了一名年轻人，从初入公司的新人到成长为综合能力突出的人才的历程。年轻人孙皓虽然年龄相对较小，但是来公司之前经历也非常丰富，在中海油值守平台，搞过科研，有着丰富的钻井专业知识和现场工程经验。来到公司后，却表现出远远超出同龄人的谦虚、好学与努力。特别是来到经济咨询部后，除了发挥专业特长，出色完成任务之外，他还不断学习油藏、石油经济、财务方面的知识，在工作中积极与领导、同事、客户的沟通交流，积累了知识，积累了资源。

机会总会留给有准备、有能力的人，时至而行、待机而动必能实现质的突破。孙皓在服务于胜利油田计划部门的过程中充分发挥了自己积累的专业知识，勇于担当，不怕困难，赢得了公司领导和客户的信任，屡次得到了客户的表扬；他还利用自己专业能力和人脉资源，为公司打开了中石油大港油田市场，为公司战略的实施和业务的拓展，做出了突出的贡献。

工程设计院院长
王艳

作为工程设计院院长，我最骄傲的，就是一直见证着我们的团队在前进的道路上奋勇向前不断成长不断发展壮大！

自2007年成立以来，工程设计院业务由最初的单一井场设计发展到多专业多类型多领域，目前已可以承揽大型BOO项目，业务范围涵盖项目建议书、方案设计、可研、初步设计、施工图设计、投资建设、运维管理，并拥有我们的自主研发团队，已研制成功油气水一体橇设备，污水处理设备，光热设备等多项设备，且获得多项专利。

人员由2007年的十几人发展到今天的二百余人，市场由胜利油田东营地区覆盖到全国各地及海外，并成立了西北分院、青岛分院，产值由几百万元提升到近亿元。

十四年发展路充满艰辛，布满荆棘，每一步的成功都来之不易，大家用努力和热忱换来一份份可研的批复，一张张施工图的完成，一项项工程的投产，更为可贵的是，大家不忘初心，在日常工作的点滴之中，努力寻求自身成长进步，超越自我，团队合作共赢，用利他之心努力赢得客户的认可，为客户提供超值服务！

回想建院之初的梦想："我们要有自己的家，我们要有更多共同奋斗的伙伴，我们要更大更强！"已然变成了现实。我相信：我们的团队有经验丰富的专家，有强大的中层领导，有众多骨干员工，还有无数年轻的新鲜血液！长路漫漫，薪火相传，未来可期，百年森诺不是梦！

招标代理中心主任 王海波

作为招标代理中心的首任主任，自部门成立伊始，我就以《论语》篇中的“无欲速，无见小利。欲速则不达，见小利则大事不成。”作为部门发展的指导思想，确立走稳健增长、高质量发展之路，见证了部门和招标代理业务的发展壮大。

初级阶段，部门现状是小米加步枪，人员少业务基础薄弱。如盲目扩张，项目运行上极易出现质量问题，一旦口碑破坏了，会给部门发展带来后患。

经过几年的稳扎稳打，招标代理中心目前已是兵强马壮，业务也在油田市场占据了半壁江山。

在业务争取上，我坚持不与挂靠资质、拼凑队伍的公司打价格战，不因小利而失大局，坚持高质量发展，专注提高服务品质，提出“依法合规、专业专注、客户满意”的工作目标，逐步树立了森诺招标代理口碑。

规划咨询部主任
宋少君

“我只负责工艺，这事你得找……；我只负责电气，这事你得找……”。这是部门王亚鹏在2020年海南炼化RDS增上反应器后评项目中，对接原可研编制单位时听到频率最高的一句话，这让单打独斗惯了的他不禁吐槽：“你们分工可真够细的”。

与大型院所分工明确的“集团军”式作战不同，森诺公司的规划咨询部更像是一支“特种兵”部队。部门业务介绍这样写道：“负责各类非安装设备购置可研和后评价、合资合作项目可研，以及发展规划的编制”。但非安设备、合资合作、发展规划这3个词背后代表着的却可能是任何一个行业的成套装备；是资产评估、审计、尽调等多个专业；是经营、劳资、安环、党群等众多部门业务。

宽泛的业务面带来了广阔的市场，但似乎要求规划咨询部的项目经理必须一通百通。部门前身叫系统工程部，替客户解决系统性材料难题由来已久，这里也因此传承着一种精神，从不轻易对客户说“我们做不了”。

我们并不是精通各个专业，这种看似无所不能的“特种兵”精神背后，是大量案例经验，信息收集整理和资源调动能力，逻辑分析、数据处理、经济评价等诸多模型工具给予的支撑。为客户解决系统化难题是部门人员的立足之本，“特种兵”精神也逐渐成了部门发展的灵魂。

水务中心总工程师
朱悦

出水含油平均8mg/L、悬浮物平均15mg/L，远优于现场“双50”出水水质指标。达到这一效果的正是水务中心自主研发的压力式高效气浮。

水务中心是公司为拓展业务于2020年下半年成立的，成立之初，部门仅有工作人员3名，跑手续、做试验，每天忙得不亦乐乎。部门要想发展壮大，一个完整的组织架构体系必不可少，不到半年的时间，工艺方案编审、工程制图绘制、流程组织协调、试验及检测分析、现场设备运维，各个岗位一应俱全，为水务中心的发展打下了坚实的基础。

水务运营要想持久发展，必须要有自己的设备支撑。

压力式高效气浮是水务中心自主研发的第一套水处理设备。稠油含聚采出水可谓是胜利油田采出水中的“钉子户”“硬骨头”，采用常规水处理设备很难达到理想的处理效果。压力式高效气浮专治“疑难杂症”，更是把设备安置在了胜利油田采出水站中原油黏度最大、含聚量最高、处理难度最大的孤六联进行试验。现如今孤六联水处理试验已顺利达标，其它采出水处理将不在话下。

压力式高效气浮之所以能取得成功，离不开部门的每一名工作人员，在这一年多的时间里，每一名员工陪着压力式高效气浮经历了2020年冬季−13℃的低温以及2021年夏季37℃的高温，经受考验的是压力式高效气浮，更是为水务中心付出的每一名员工。

安环咨询部主任
王丹昶

专职部门主任空缺、技术人员配备不足、市场人员职责不清，作为森诺公司环境业务初创和成长的见证人，我急在心上，也在2018年下定决心来到森诺公司。

3年的时间，在我的主持下，森诺环境团队逐渐壮大的事实证明了一个道理——独行快，众行远。

——配备一个强有力的技术支撑团队。部门郭丽和刘玉卿先后到国家生态环境部协助工作，参与了石油天然气开采行业关于环境影响评价方面的政策制定及标准修订，同时拥有了强大的专家人脉，使得森诺科技有限公司成为油田环境方面“问不倒”单位；甚至不少环评方面的专家也专门征求我们的意见和建议。

——创建一支强有力的市场销售团队。增设了部门市场总监及市场专员，邀请分管领导带队到各单位推介，持续扩大公司影响力。最终靠真诚赢得了客户，使得“急难险重找森诺科技”成为全油田环保系统的共识，仅2021年就承担了3项中石化重点项目。

——拥有一个超级能战斗的员工团队。设立了区域项目经理，形成了一个专业技术力量强、技术水平高的人员梯队，环评编制时间从90天到60天到29天，从编制到取得批复的时间从半年到3个月到47天，一个个纪录不断被创造、被刷新。

幸运——这是我来森诺科技后最常挂在嘴边的话，但持续的幸运是建立在自信的基础上，而强大的森诺科技有限公司环境团队，是我自信和幸运的最大的底气！

山东蓝普检测技术有限公司总经理
栾熙明

9月8日上午9点多，我接到纯梁采油厂QHSSE管理科业主电话，说有一个污染场地需要进行检测，因为政府非常关注，时间比较紧张，问能否立刻前往现场踏勘，并制定检测方案上报地方生态环境管理部门。

为了能更好地满足业主的需求，我和部门总工商量一下，一刻也不耽搁，立即启程，前往现场。上午10:30，我们到达了污染场地，仔细地踏勘了现场，与业主交流相关信息，进一步了解业主的需求。同时根据现场情况，取了3处污染比较重的土壤样品，拿回实验室分析。

为了赶上下午下班前要将检测方案上报地方生态环境局的要求，我和总工王海峰迅速赶回单位，王海峰抓紧安排3个样品检测，实验室的同事加班加点检测样品。我迅速开始检测方案的编制，我查阅了历史卫星图片，了解污染地块的历史情况；查询法规标准，确定检测指标和执行标准。经过大家不懈的努力，终于在下班前将检测方案发给了业主。

客户真需求，超越一点点。在满足客户需求的同时，也让我们实现了自身的价值。

山东诺达信息科技有限公司总经理
李照

时光荏苒，不知不觉我已经来到森诺大家庭14个年头，潜移默化中自己也成为了森诺能量的传承者。

还记得，最初部门不到10人的规模，经过多年发展，诺达已经成为一家具备服务国内能源领域，提供“行业咨询+数字化”解决方案能力的科技公司。

2020年，针对业务增速减缓，员工活力不足，公司通过整合资源，调整内部机构设置，由事业部体制改为更符合诺达实际的专业化体制，进一步明确了各级人员的分工职责，大胆启用年轻干部，让年轻人敢于挑大梁。

让我感到非常高兴和自豪是大家携手拼搏的热情被再次点燃，共同奋斗的团队氛围充斥着整个公司。

“眼光向外”敢于开拓外部市场。在森诺平台的支撑下，我带领产品总监辗转于各个外部市场，主动争项目。同时为确保项目交付质量，在内部严抓项目经理制；通过划分阿米巴，把经营意识直接落实到员工个人并与考核挂钩。

让我感到非常高兴的是，活儿多了，部门内部反而越来越有激情，一人多项目成为了常态，人员素质也在快速提升。

阔步新的征程。我深知在瞬息万变的市场中，如果认为今天可以放松一下，明天机会可能就不复存在，危机意识常伴我左右。

在公司战略指引下，带领大家以时不我待的紧迫感，干事一条心，拧成一股绳的先锋劲头砥砺前行，昂首阔步开启新的征程。

森诺技术有限公司总经理 代彦臣

“吉工，这个设备第一次投运，能否来一下？”“吉工，出水好像不太好，再来调试调试”。在西南工程的每一天，吉潇浩都会接到十数个类似的电话，而每一台设备都在人迹罕至的深山里，设备与设备之间的距离动辄上百公里。道路崎岖、交通不便、配件工具不凑手，一个人顶着38台设备的投产工作量，其难度可想而知。但吉潇浩从未叫过一声苦、喊过一声累。情况就是命令，质量就是生命，清晨4点钟出发，晚上11点多才能找个地方休息几乎成了常态。

客户经常拉着他的手，一遍遍说着感谢的话，而他已经将这作为自己的使命和职责。从一座山上刚刚下来，又奔赴下一个需要他的地方……

7月26日，他开始加入百日成长计划《中庸》学习班，经过一段时间的学习，心中的能量更加充足，与客户的沟通更加顺畅，对于如何将工作做得更好有了新的认识。他说“只要真正从客户的角度考虑问题，以客户之心为心，就没有抱怨，收获的都是认可和支持”。

朴素的话语蕴含着极为丰富的内涵，真诚的实践换来了客户对于公司的认可和赞许。

山东境升节能环保科技有限公司总经理 王普明

《中庸》——诚者，天之道也。诚之者，人之道也。诚者，不勉而中，不思而得，从容中道，圣人也。诚之者，择善而固执之者也。

诚之者，人之道也。人道之诚表明一种人性之善。没有诚，人们既无法认识和体察天之道，也无法认识和把握人之道。这种“诚”，最后还是要回归到为人处世的“善”上，从诚意出发，得到一个善意的结果，这就是最简单的中庸。

沧州输油处安平站工程是我公司实施的噪声治理工程，因前期部分勘察工作的疏忽，切割混凝土时切断了泵棚监控光缆，现场施工一度中断，项目经理向我汇报能否不进行图纸变更，直接将混凝土基础与电缆槽一同浇筑，省工省料。

我借用《中庸》的道理纠正他，我们工作要积善行，利思他，境升的目标是成为客户长期的、优质的合作伙伴。项目经理很快转变思想，诚实地向业主方作了汇报，得到了业主的理解，并配合设计院进行了设计变更，后续更是以客户的视角处理现场施工问题，最终该工程高质量完成，得到了业主的称赞。

山东宇尚节能环保科技有限公司总经理 王光磊

成长、进步就是做别人不想做、做别人做不了的事。

环保厕所业务近年来得到公司的大力发展，从最初的实验阶段到现在的日趋成熟，是一个漫长发展的过程。

目前环保厕所已广泛应用于油田生产的各个现场，然而当使用人数增多、无法为菌剂提供正常的降解时间时，环保厕所就会因超负荷运行出现“冒罐”问题。解决“冒罐”最直接有效的方法就是把罐内废料清理出来，更换新的菌剂，但是恶劣的工作环境和滋生的各种有害细菌以及旁人异样的目光成为工作中最困难的部分。

宇尚公司工程部环保厕所组的王宇帆，以对环保工作的无限热爱和强烈的责任担当，自告奋勇，扎根在客服一线，克服种种困难，无视各种异样的眼神，不怕苦不怕累，清理发酵罐中废料，维护设备运行，确保客户的正常使用，王宇帆也逐渐成为了环保厕所售后运维工作中的中坚力量，他的行为不仅得到了同事们的积极肯定，也得到了甲方用户们的高度认可。

公司环保业务发展离不开王宇帆这样的同事，更离不开王宇帆这样的精神和格局。

后 记

爱听故事，是人的共性，而故事的最大魅力就在于同时打动理智和情感，这也是故事比道理的更强大之处。

企业文化的传承亦不例外，成功的企业文化往往都对讲故事情有独钟。与趾高气扬地发号施令或者苍白枯燥的反复说教相比，将企业文化渗透到故事中，往往更加生动和更具说服力。

森诺对此深有感触，“企业文化虽然概括总结起来只是几个字，但背后都是由一个个故事组成的。”领头人姜传胜一语道出真谛。

第一本图文并茂、精彩真实的《森诺胜利的故事与哲理》（现改为森诺科技）出版之后，受到了广泛赞誉。这是对森诺管理之道的肯定，更是对编辑的鼓励，不胜感动。

时隔七年，不断发展壮大的森诺又迈入了新的阶段，同时也涌现出了一大批优秀人才和精彩故事。为了不让这些故事如船过水无痕，也为了让这本载满故事的“小册子”能更广泛传播影响到更多的人，中外管理决定再次提笔。经过数月的采访、记录、编写与打磨，第二本《森诺科技的故事与哲理》终于付梓面世。

本书从头至尾都在做一件事情：通过一个个的小故事展现森诺的企业文化，进而读懂森诺是如何实现稳健发展的。在编写过程中，中外管理传媒及出版人杨光总编给予了大力支持，不仅对每一个故事精心打磨，还为所有故事撰写哲理。

森诺的领导姜传胜、殷志强、付

林、裴红、姜祥、张晓云，以及公司中层和基层员工在百忙中抽出时间多次接受深入采访，对于丰富故事素材起到了非常重要的作用。

特别是万薛峰、白雪两位同事，全程负责对接联系，并不厌其烦地落实各项具体工作，为保证该书故事的高品质完成提供了无私的支持。

还有李英、许卫国、宋少君、李照、雷明、王海波、钱猛、栾熙明、朱悦、王光磊、郭丽、刘怡青、邓新颖、崔光涛、翟永明、朱元哲、李婷婷、杨藤、杨敏、陈慧琳、杜文丽、王玉伟、董锐、宋萍、徐婷婷、李诚诚、于金泳、柳润泽、田冬旭、刘成强、张锐、李帅龙、王红丽、尤晓卉、张明华、姜晓健、郭振廷、刘春明、张同秀、徐曙光、孙皓、王永亮、张家玮、曲卫和、张梅、吴丽丽、宋项青、张沛、王东仁、梁文豪、张晓丽、岑苗、张霞、于学敏、董兴涛、刘辉、王春岚、王恺翔、燕德超、牟雪梅、隋汝科、王艳、王素贞、张海涛、荆鑫等同仁为本书提供了大量感人的素材，在此一并表示感谢。

感谢为《森诺科技的故事与哲理》编写做出辛勤努力和寄予殷切期望的所有人。希望本书能够为推动森诺的发展尽到绵薄之力，也希望能对读者带来更多深刻启示。

本书稿虽经数番校订，仍不免有挂一漏万之处，尚祈读者与专家指正。

任慧媛

2021年9月